Christopher Hitchens

DIE AKTE KISSINGER

Aus dem Englischen
von Peter Torberg und Jürgen Bürger

W0336498

Deutsche Verlags-Anstalt
Stuttgart München

Die Deutsche Bibliothek – CIP-Einheitsaufnahme
Ein Titeldatensatz für diese Publikation ist
bei Der Deutschen Bibliothek erhältlich

Die Originalausgabe erschien 2001 unter dem Titel
»The Trial of Henry Kissinger« bei Verso Books, London New York

© 2001 by Christopher Hitchens
© 2001 by Deutsche Verlags-Anstalt GmbH, Stuttgart/München
für die deutsche Ausgabe
Alle Rechte vorbehalten
Satz: EDV-Fotosatz Huber / Verlagsservice G. Pfeifer, Germering
Druck und Bindearbeit: GGP Media, Pößneck
Printed in Germany
ISBN 3-421-05177-1

Abraham ben Eleazar

Für die tapferen Opfer von Henry Kissinger,
deren Beispiel ihn und seinen Ruf mühelos überleben wird.
Und für Joseph Heller,
der es früh und in seinem ganzen Ausmaß sah.

Nach Golds konservativer Meinung
würde sich die Geschichte an Kissinger nicht als einen
Bismarck, Metternich oder Castlereagh erinnern,
sondern als abscheulichen Schlump, der freudig Krieg führte.
(Gut wie Gold, 1976)

Inhalt

Vorwort

Wie sicher bald deutlich werden wird und um es gleich vorwegzunehmen: Den folgenden Text hat ein politischer Gegner Henry Kissingers verfaßt. Dennoch war ich beim Schreiben dieses Buches immer wieder erstaunt darüber, wieviel vergiftetes und diskreditierendes Material ich weglassen mußte. Ich möchte nur jene Vergehen Kissingers untersuchen, die als Grundlage für eine Strafverfolgung dienen könnten und sollten: wegen Kriegsverbrechen, Verbrechen gegen die Menschlichkeit und Delikte gegen das allgemeine Rechtsverständnis oder internationales Recht, darunter Verschwörung zum Mord, Entführung und Folter.

Ich hätte erwähnen können, wie Kissinger die irakischen Kurden rekrutierte und dann verriet, als er sie ermutigte, 1974/75 die Waffen gegen Saddam Hussein zu erheben, wie sie dann belogen und ihrem Schicksal überlassen wurden, um in ihren Bergen der Ausrottung entgegenzusehen, als Saddam Hussein einen diplomatischen Deal mit dem Schah von Persien einging. Die Schlußfolgerungen des Berichts des Kongreßabgeordneten Otis Pike sind immer noch schockierend und enthüllen Kissingers Gleichgültigkeit, wenn es um Menschenleben und Menschenrechte geht. Doch dies fällt in die Kategorie einer verkommenen Realpolitik; Gesetze scheinen dabei nicht verletzt worden zu sein.

In gleicher Weise liefert uns Kissingers Orchestrierung des politischen, militärischen und diplomatischen Schutzes des

Apartheidregimes in Südafrika einen Beleg für moralisch abstoßendes Verhalten; das schließt die erschreckenden Konsequenzen der Destabilisierung in Angola mit ein. Doch auch in diesem Fall erhält man lediglich Einblick in eine schmutzige Phase des Kalten Kriegs und der Geschichte des Imperialismus und hat ein Beispiel für unverantwortliche Machtausübung vor Augen, aber keine Episode organisierten Verbrechens. Zudem muß man die institutionalisierte Natur dieser Politik berücksichtigen, die in ihrer Ausformung wohl jede Regierung, jeder Nationale Sicherheitsberater oder Außenminister vertreten hätte.

Ähnliche Zurückhaltung kann man mit Blick auf Kissingers Vorsitz in der Kommission des Präsidenten für Mittelamerika Anfang der achtziger Jahre üben, in der auch Oliver North* saß, eine Kommission, die die Aktionen der Todesschwadronen rund um den Panamakanal beschönigte. Oder angesichts des politischen Schutzes, den Kissinger in seiner Amtszeit der Pahlewi-Dynastie im Iran mit ihrem Folter- und Unterdrückungsapparat gewährte. Es ist ernüchternd, zu sehen, um wieviel länger diese Liste noch ausfallen könnte. Aber es genügt nicht, all die ungeheuren Grausamkeiten und den Zynismus von Jahrzehnten einem einzelnen Mann allein anzulasten (auch wenn man ab und zu einen faszinierenden Blick auf dessen Zynismus erhascht, so wenn Kissinger Präsident Ford dazu drängt, den unbequemen Alexander Solschenizyn nicht zu empfangen, obwohl Kissinger sich doch immer als der größte und entschlossenste Gegner des Kommunismus ausgibt).

* North war einer der Hauptbeteiligten an *Irangate*, dem größten politischen Skandal der Reagan-Ära. Der ehemalige Mitarbeiter des US-Sicherheitsstabs hatte 1985/86 illegal Waffen in den Iran geliefert und mit dem Erlös die Contras in Nicaragua unterstützt; A. d. Ü.

Nein, ich habe mich auf die erkennbaren Verbrechen beschränkt, die sich in einer ordentlich verfaßten Anklageschrift finden könnten und sollten, unabhängig davon, ob diese Taten im Einklang mit der herrschenden »Politik« waren oder nicht. Dazu gehören:

1. die vorsätzliche Tötung von Zivilpersonen in Indochina;
2. das vorsätzliche Einverständnis zum Massenmord und später zu einem Attentat in Bangladesch;
3. die persönliche Anstiftung zur und Planung der Ermordung eines hohen Staatsbeamten in einem demokratischen Land – Chile –, mit dem die Vereinigten Staaten sich nicht im Kriegszustand befanden;
4. die persönliche Beteiligung an einem Plan, das Staatsoberhaupt des demokratischen Zypern zu ermorden;
5. die Anstiftung und Durchsetzung des Genozids auf Osttimor;
6. die persönliche Beteiligung an einem Plan, einen Journalisten, der in Washington (D. C.) lebte, zu entführen und zu ermorden.

Einige dieser Vorwürfe können nur *prima facie*, nach Augenschein, belegt werden, da Mr. Kissinger dafür gesorgt hat, daß viele Unterlagen zurückgehalten werden oder vielleicht sogar vernichtet wurden – eine Tatsache, die möglicherweise als vorsätzliche Behinderung der Justiz gedeutet werden könnte.

Allerdings befinden wir uns allmählich in einer Zeit, in der die Aufrechterhaltung »souveräner Immunität« bei Staatsverbrechen für nichtig erachtet wird. Wie ich darlegen werde, hat Kissinger im Gegensatz zu vielen seiner Kritiker diesen entscheidenden Unterschied begriffen. Das Votum des Oberhauses in London, als es um die internationale Bedeutung der Verbrechen von General Augusto Pinochet ging, dazu der großartige Einsatz spanischer Richter und die Urteile des Internationalen Tribunals in Den Haag haben den Schutzschild zerstört, der Verbrechen deckte, die im Namen der Staatsraison verübt wurden. Es gibt keinen Grund mehr, warum nicht die Justiz eines betroffenen Landes einen Haftbefehl gegen Kissinger ausstellen könnte, keinen Grund, warum Kissinger nicht gezwungen werden könnte, diesem Haftbefehl zu folgen. Tatsächlich bemühen sich zum Zeitpunkt dieser Niederschrift verschiedene Gerichte endlich, die Beweise zu sichten. Zu alledem haben wir noch den Präzedenzfall der Nürnberger Prozesse, an deren Grundsätze zu halten sich die Vereinigten Staaten feierlich verpflichtet haben.

Sollte es nicht zu einem Verfahren kommen, dann stellt dies eine doppelte, gar dreifache Mißachtung des Rechts dar. Erstens würde es das kaum noch in Frage gestellte Prinzip verletzen, daß selbst die Mächtigen nicht über dem Recht stehen. Zweitens würde es bedeuten, daß Anklagen wegen Kriegsverbrechen und Verbrechen gegen die Menschlichkeit nur Verlierern drohen oder kleineren Despoten in unbedeutenden Ländern. Dies wiederum mündete in einer armseligen Politisierung dessen, was noble Gerichtsverfahren hätten sein können, und weckt den berechtigten Verdacht, es könne zweierlei Maß geben.

Viele, wenn nicht gar die meisten von Kissingers politischen Partnern, ob in Griechenland oder Chile, Argentinien oder Indonesien, sitzen im Gefängnis oder warten auf ihre Prozesse. Daß er selbst straflos ausgehen soll, stinkt zum Himmel. Wenn diese Straflosigkeit anhält, sollten wir voller Scham den alten Philosophen Anacharsis in Schutz nehmen, der behauptete, Gesetze seien wie Spinnweben: gerade stark genug, die Schwachen zu halten, und zu schwach, die Starken zu bändigen. Im Namen der unzähligen bekannten und unbekannten Opfer ist es nun an der Justiz, die Sache anzupacken.

Einleitung

Am 2. Dezember 1998 wurde Michael Korda in seinem Büro bei Simon & Schuster vor laufender Kamera interviewt. Als einer der Magnaten der New Yorker Verlegerwelt hat er die Werke so unterschiedlicher Autoren wie Tennessee Williams, Richard Nixon, Joan Crawford und Joe Bonanno* hergestellt und herausgegeben. An diesem Tag sprach er gerade über das Leben und die Gedanken Chers, deren Portrait die Wand hinter Korda zierte. Da klingelte das Telefon, und er erhielt die Nachricht, er möge doch so bald wie möglich *Doktor* Henry Kissinger zurückrufen. Ein Universalgelehrter wie Korda jongliert natürlich meisterhaft mit den Herausforderungen des Verlegens in diesen unsteten Zeiten und weiß, wie man von einer Sekunde auf die andere umschaltet von Cher auf hohe Staatskunst. Die Kamera lief weiter und zeichnete folgende Szene in einem Film auf, dessen Tonkopie sich in meinem Besitz befindet:

Nachdem er seine Sekretärin gebeten hat, die Nummer herauszusuchen (7597919: die Telefonnummer von *Kissinger Associates*), witzelt Korda unter allgemeinem Gelächter im Büro, die Nummer sollte besser »1800-CAMBODIA ... 1800-BOMB-CAMBODIA« lauten. Nach einer genau bemessenen Pause (kein Verleger hängt gern in der Warteschleife, schon gar nicht vor der Kamera) heißt es: »Henry, hi, wie geht es Ihnen? ... Sie

---

* Bonanno war ein berüchtigter amerikanischer Mafiaboß; A. d. Ü.

bekommen in der *New York Times* alle Aufmerksamkeit, die Sie sich nur wünschen können, wenn auch nicht ganz von der Art, die Sie sich wünschen ... Ich finde es auch sehr, sehr fragwürdig, daß die Regierung einfach einwilligt, diese Papiere freizugeben ... nein ... nein, wirklich nicht ... nein ... nein ... gut, hmmm, ja. Offen gesagt, haben wir das bis vor kurzem getan, und er hat sich damit durchgesetzt ... Nun, ich glaube nicht, daß es da überhaupt eine Frage gibt, so ungemütlich das auch sein mag ... Henry, das ist vollkommen unerträglich ... ja ... Auch die Rechtsprechung. Ein spanischer Richter, der ein englisches Gericht wegen eines chilenischen Staatsoberhaupts anruft. Das ist, das ... Also, Spanien hat praktisch sowieso keine Rechtshoheit über Ereignisse in Chile, das ergibt also überhaupt keinen Sinn ... Nun, das ist schon richtig ... Wenn man wollte. Ich denke, das wäre bei weitem das beste ... Richtig, ja, nein, ich finde, das ist genau das, was Sie tun sollten, und ich glaube nicht, daß es lang sein sollte, und ich finde, es sollte mit dem Brief Ihres Vaters enden. Ich halte das für ein sehr wichtiges Dokument ... Ja, aber ich finde, der Brief ist wundervoll, von entscheidender Bedeutung für das ganze Buch. Dürfte ich das Libanonkapitel übers Wochenende lesen?« An dieser Stelle endet das Gespräch mit ein paar witzigen Bemerkungen Kordas über seine anstehende Darmspiegelung: »Eine zutiefst widerliche Prozedur.«

Mit Hilfe eines winzigen Endoskops, oder seines forensischen Äquivalents, könnte man aus diesen Gesprächsmolekülen eine Menge über die Welt des Henry Kissinger ableiten. Vor allem eines: Er sitzt in seinem Büro bei *Kissinger Associates*, einer Kanzlei, die all ihre Wirtschafts- und Beratertentakel von Belgrad bis Peking ausgestreckt hält, ist finanziell abgesichert durch unzählige Direktoren- und Aufsichtsratsposten und – schaudert, wenn er nur hört, daß irgendwo ein Diktator verhaftet worden ist. So synkopisch zerhackt die Unterhaltung mit Korda auch sein mag, so wird doch klar, das Schlüsselwort lautet »Rechtsprechung«.

Was hatte denn an jenem Morgen in der *New York Times* gestanden? Am 2. Dezember brachte sie auf der Titelseite folgenden Bericht von Tim Weiner, ihrem Spezialisten für nationale Sicherheit in Washington. Unter der Schlagzeile »USA geben Akten zu Verbrechen unter Pinochet frei« schreibt der Reporter:

> »Bei dem Versuch, sich den politischen und diplomatischen Verwicklungen zu stellen, denen sie eigentlich aus dem Weg gehen wollten, beschlossen die Vereinigten Staaten heute, einige bisher geheime Dokumente über die Morde und Folterungen freizugeben, die während der Diktatur Augusto Pinochets in Chile begangen wurden. (...) Die Entscheidung, derartige Dokumente freizugeben, ist ein erstes Indiz dafür, daß die Vereinigten Staaten im Fall des Generals Pinochet kooperieren werden. Beamte der Regierung Clinton erklärten, sie glaubten, daß die Vorteile einer Offenheit in Fragen der Menschenrechte die Risiken für die nationale Sicherheit in diesem Fall überwögen. Doch, so die Worte eines ehemaligen Beamten der Central Intelligence Agency, der in Chile stationiert war, dies könne eine ›Dose voller Würmer‹ öffnen und preisgeben, wieviel die Vereinigten Staaten wirklich über die Verbrechen wüßten, die der Pinochet-Regierung zur Last gelegt würden. (...)
>
> Zwar unterstützen einige europäische Regierungsbeamte den Versuch, den ehemaligen Diktator vor Gericht zu bringen, doch haben offizielle Kreise der Verei-

nigten Staaten bisher dazu geschwiegen, was wohl deren Skepsis hinsichtlich der Macht spanischer Gerichte ausdrückt, Zweifel an internationalen Tribunalen gegen ehemalige ausländische Machthaber erkennen läßt *und Sorgen deutlich macht über die Möglichkeit, daß amerikanische Politiker vielleicht eines Tages ebenfalls im Ausland angeklagt werden könnten.*

Präsident Richard M. Nixon und Henry A. Kissinger, der unter ihm als Nationaler Sicherheitsberater und Außenminister diente, unterstützten Anfang der siebziger Jahre einen rechtsgerichteten Putsch in Chile, wie bereits freigegebene Dokumente belegen.

Doch ein Großteil dessen, was die Vereinigten Staaten während des Staatsstreichs von 1973 taten, und vieles von dem, was amerikanische Staatsführer und Geheimdienste in Zusammenarbeit mit dem Pinochet-Regime nach dessen Machtergreifung unternahmen, fällt weiterhin unter die Geheimhaltung im Namen der nationalen Sicherheit. Die geheimen Akten über das Pinochet-Regime werden gehütet von der CIA, der Defense Intelligence Agency*, dem Außenministerium, dem Pentagon, dem Nationalen Sicherheitsrat, dem Nationalarchiv, den Präsidentenbibliotheken von Gerald R. Ford und Jimmy Carter und anderen Regierungsbehörden. Den Unterlagen im Justizministerium zufolge enthalten diese Akten Darstellungen von Menschenrechtsverletzungen und internationalem Terrorismus:

---

* Die Defense Intelligence Agency (DIA) ist der militärische Geheimdienst der USA; A. d. Ü.

- 1975 protestierten Diplomaten des Außenministeriums in Chile gegen die Morde und Folterungen des Pinochet-Regimes und legten bei ihren Vorgesetzten in Washington ihre schriftlich festgehaltenen abweichenden Haltungen zur amerikanischen Außenpolitik vor.
- Die CIA besitzt Akten über Hinrichtungen, die vom Regime und der chilenischen Geheimpolizei durchgeführt wurden. Der Geheimdienst verfügt weiterhin über Unterlagen zu Chiles Bemühungen, eine internationale rechtsgerichtete Geheimgruppe aufzubauen.
- Die Ford Library beherbergt viele von Mr. Kissingers Geheimakten zu Chile, die noch nie veröffentlicht wurden. Mr. Kissinger ließ über eine Sekretärin mitteilen, daß er die Bitte um ein Interview für heute ablehne.« (Hervorhebung durch den Autor)

Man muß Kissinger zugute halten, daß er begriffen hat, was vielen Menschen bisher entgangen ist: Wenn der Präzedenzfall Pinochet tatsächlich durchkam, dann war er selbst in Gefahr. Die Vereinigten Staaten glauben, daß sie allein Kriegsverbrecher und »internationale Terroristen« verfolgen und verurteilen; nichts in der bisherigen politischen oder journalistischen Kultur weist darauf hin, daß man auf den Gedanken käme, ein derartig ranghohes Exemplar dieser Gattung in den eigenen Reihen zu beherbergen und zu schützen. Doch dieser Gedanke war, wenn auch versteckt, in Weiners Artikel aufgeblitzt, und Kissinger war besorgt, als er an jenem Tag seinen Verleger anrief, um über den letzten Band seiner Memoiren zu sprechen, der damals noch nicht abgeschlossen war (und schließlich unter dem unerträglich langweiligen und selbstbeweihräuchernden Titel *Jahre der Erneuerung* erschien).

»Beherbergen und schützen« kann man allerdings nur als Untertreibung bezeichnen angesichts der üppigen Lebensumstände Henry Kissingers. Geschäftsleute, Akademiker und Politiker suchen seinen Rat, ein Vortrag von ihm kostet 30000 Dollar pro Auftritt. Die *Los Angeles Times* verbreitet seine geschwollenen Kolumnen im ganzen Land, sie erscheinen sogar in der *Washington Post.* Den ersten Band seiner Memoiren hat Harold Evans redigiert und zu Teilen geschrieben; zusammen mit Tina Brown gehört er zu den vielen Gastgeberinnen und Gastgebern, die sich bei ihren New Yorker Soireen um Kissingers Anwesenheit, besser gesagt: Gesellschaft bemühen. Zu anderen Zeiten war er Berater für *ABC News* und CBS; seinen erfolgreichsten diplomatischen Coup hat er wohl bei den Medien gelandet (und seine größte Einzelleistung besteht darin, nahezu alle dazu zu bringen, ihn »Doktor« zu nennen). Von Ted Koppel umschwirrt, von Firmen und Despoten mit »Image-Problemen« oder »Kommunikationsdefiziten« umworben und respektvoll beachtet von Präsidentschaftskandidaten und jenen, deren Aufgabe es ist, ihre Ansichten von der Welt zu »formen«, fehlt es diesem Mann an so gut wie nichts in diesem jämmerlichen Universum, dem die »Selbstachtungs-Industrie« zuarbeitet. Über wen sonst würde Norman Podhoretz in einer kniegebeugten Lobeshymne zu *Years of Upheaval* (Jahre des Umbruchs), dem zweiten Band von Kissingers Memoiren (deutsch: *Memoiren 1973–1974*, Bd. 2), folgendes schreiben:

> »Was wir hier vor uns haben, ist Schreibkunst von allerhöchster Güte. Schreibkunst, die sowohl in der Darstellung als auch in der abstrakten Analyse gleichermaßen leicht wirkt; die eine Erzählhandlung eben-

> so handwerklich gekonnt formen wie eine Szene malen kann; die eine wunderbare Dichte besitzt, während sie mit ausholendem, gemächlichem Schritt voranschreitet. Es handelt sich um eine Schreibkunst, die ohne Anstrengung oder falschen Ton sowohl *gravitas*, die einem Buch angemessen ist, welches sich mit großen historischen Ereignissen befaßt, als auch Humor und Ironie umfaßt, die von einem unfehlbaren Sinn für das menschliche Maß bestimmt ist.«

Ein Kritiker, der einem derart in den Hintern kriechen kann, muß niemals allein dinieren, wie es mal eines meiner moralischen Vorbilder trocken gesagt hat. Sein Gegenstand auch nicht. Abgesehen davon, daß der Empfänger (und auch der Geber) von derart tiefer Kriecherei ab und zu von einem Angstschauder überfallen wird. Dann verläßt er den reich gedeckten Tisch und eilt auf die Toilette. Gibt es einen neuen Tonbandmitschnitt von Nixon? Gerüchte aus Indonesien, die den Sturz oder die Verhaftung eines weiteren Kunden (und möglicherweise das Auftauchen von ein, zwei peinlichen Dokumenten) andeuten? Die Verhaftung oder Anklage eines Folterers oder Killers? Das Ende der Geheimhaltungsfrist irgendwelcher obskurer Regierungsunterlagen in einem fernen Land? All dies kann einem den Tag auf der Stelle vermiesen. Wie wir an der Szene mit Korda sehen, kann Kissinger die Morgenzeitung nicht in aller Seelenruhe aufschlagen. Er weiß, was andere nur vermuten. Und er ist ein Gefangener seines Wissen, aber dies sind wir in einem gewissen Maß ja auch.

Beachtenswert ist die sympathische Art, mit der Michael Korda seine Toleranz beweist. Er scherzt über Kambodscha. Schließlich »weiß« jeder, daß Kissinger Terror, Elend und Massenvernichtung über dieses Land gebracht und der Verfassung der Vereinigten Staaten damit zugleich immensen Schaden zugefügt hat (es »wissen« auch alle, daß weitere Länder Anspruch auf die gleiche Tragödie und verabscheuenswürdige Auserwähltheit wie Kambodscha erheben können, mit denselben »Kollateralschäden« für die amerikanische Demokratie). Aber der untersetzte Mann, der mit schwarzem Schlips auf der *Vogue*-Party steht, ist doch sicher nicht der Mann, der die Vernichtung von Zivilisten befahl und guthieß oder die Ermordung unbequemer Politiker, die Entführung und das Verschwinden von Soldaten, Journalisten und Kirchenleuten, die ihm in den Weg kamen. O doch, das ist er. Genau dieser Mann. Das ist vielleicht der bedrückendste Gedanke von allen.

Kissinger wird nicht wegen seiner ausgefeilten Manieren oder seines beißenden Humors eingeladen und hofiert (seine Manieren sind eher grob, und sein Humor besteht aus einem Bündel von Bonmots aus zweiter Hand). Nein, er ist so begehrt, weil seine Anwesenheit für einen Schauder sorgt, für den authentischen *Touch* roher, vorlauter Macht. Gleich hinter Kordas Scherz über die Leiden Indochinas lauert ein nervöses Schuldeingeständnis. Und jedesmal, wenn ich bei Redeauftritten Kissingers hinten im Publikum stand, fiel mir auf, daß es sich bei diesem nervösen, ungemütlichen Lachen genau um jene Art von Lachen handelt, die er gern hervorruft. Indem er diesen Tribut einfordert, stellt er keineswegs das Aphrodisiakum der Macht zur Schau (ein weiteres seiner abgekupferten Bonmots), sondern deren Pornographie.

Die Kostümprobe: das Geheimnis des Jahres 1968

Innerhalb der politischen Elite Washingtons kursiert ein offenes Geheimnis, das zu folgenschwer und fürchterlich ist, als daß man es öffentlich verbreiten könnte. Obwohl es den Historikern, älteren Journalisten, ehemaligen Kabinettsmitgliedern und Exdiplomaten gut bekannt ist, wurde es noch nirgendwo vollständig geschildert. Der Grund dafür wirkt auf den ersten Blick paradox. Beide großen Parteien wissen um dieses offene Geheimnis, und es hat direkt mit der Staatsführung von mindestens drei ehemaligen Präsidentschaften zu tun. Die Enthüllung dieses Geheimnisses ist also nicht im Interesse irgendeiner Fraktion. Der Wahrheitsgehalt dieses Geheimnisses garantiert zugleich auch dessen Obskurität; genau wie in Edgar Allan Poes Erzählung *Der entwendete Brief* überdeckt die Wahrheit die Teilungslinie, die die beiden Parteien trennt.

Das Geheimnis lautet in einfachen Worten: Im Herbst 1968 machten sich Richard Nixon und einige seiner Emissäre und Untergebenen daran, die in Paris stattfindenden Friedensverhandlungen mit Vietnam zu sabotieren. Ihre Mittel waren einfach: Sie versicherten den südvietnamesischen Militärführern insgeheim, daß eine zukünftige republikanische Regierung ihnen einen besseren Deal anbieten würde als eine demokratische. Auf diese Weise unterliefen sie sowohl die Gespräche als auch die Wahlstrategie des demokratischen Vizepräsidenten Hubert Humphrey. Die Taktik ging auf: Die südvietnamesische Militärjunta zog sich am Vorabend der Wahlen von den

Gesprächen zurück und zerstörte so die Friedensinitiative, auf die die Demokraten ihren Wahlkampf aufgebaut hatten.

In anderer Hinsicht ging sie allerdings nicht auf, denn vier Jahre später versuchte die Regierung Nixon den Krieg zu den gleichen Bedingungen zu beenden, die schon in Paris als Angebot auf dem Tisch gelegen hatten. Der Grund für das tödliche Schweigen rund um diese Frage besteht darin, daß in den dazwischenliegenden Jahren etwa 20000 Amerikaner und eine unbestimmte Zahl von Vietnamesen, Kambodschanern und Laoten ihr Leben verloren hatten, und dies noch sinnloser, als es schon bei den Toten zuvor der Fall gewesen war. Die Wirkungen dieser vier Jahre auf die indochinesischen Gesellschaften und die amerikanische Demokratie lassen sich überhaupt nicht beziffern. Der Hauptnutznießer dieser verdeckten Aktion gegen Humphrey und des nachfolgenden Gemetzels war Henry Kissinger.

Ich höre schon die Hüter der öffentlichen Meinung, wie sie mit ihren stumpfen Federn kratzen, um dies als »Verschwörungstheorie« abzutun. Ich nehme diese Herausforderung mit Freuden an. Betrachten wir als erstes die Tagebücher von H. R. Haldeman, jenes berüchtigten Verschwörers (und Verschwörungstheoretikers), die im Mai 1994 veröffentlicht wurden. Ich möchte aus zwei Gründen mit ihnen beginnen. Erstens, weil es wegen der logischen Konstellation des »Beweises gegen eigene Interessen« recht unwahrscheinlich ist, daß Mr. Haldeman Belege über seine Kenntnisse von einem Verbrechen preisgeben würde, es sei denn, er erzählte (postum) die Wahrheit. Und zweitens, weil es möglich ist, jeden einzelnen seiner Tagebucheinträge anhand anderer Quellen zu belegen.

Im Januar 1973 war die Nixon-Kissinger-Regierung, für die Haldeman Protokoll führte, an zwei Fronten engagiert. In Paris versuchte Henry Kissinger einen »ehrenvollen Frieden« für den

Vietnamkrieg auszuhandeln. In Washington (D. C.) wurde das Netz der Beweise gegen die Watergate-Einbrecher und Abhörspezialisten immer enger. Am 8. Januar 1973 verzeichnet Haldeman:

> »John Dean rief an, um über die Watergate-Prozesse Bericht zu erstatten, und meinte, wenn wir auf irgendeine Weise harte Fakten vorlegen könnten, daß unser [Wahlkampf-]Flugzeug 1968 verwanzt gewesen sei, dann glaube er, daß wir dies als Grundlage nehmen könnten, den Kongreß zu zwingen, auch 1968 und nicht nur 1972 zu untersuchen, was eine gute Ablenkung wäre.«

Drei Tage später, am 11. Januar 1973, hört Haldeman von Nixon (der in den Tagebüchern als »der P« geführt wird):

> »In Fragen Watergate wollte er, daß ich mit [Justizminister John] Mitchell rede, damit er aus [Deke] De Loach [vom FBI] herausbekommt, ob der Kerl, der uns 1968 abhörte, immer noch beim FBI ist. Dann sollte [der damalige geschäftsführende Direktor des FBI, Patrick] Gray ihn mit einem Lügendetektortest festnageln und das abklären, um uns so den Beweis zu liefern, den wir brauchten. Er denkt auch, ich sollte mich mit George Christian [Präsident Johnsons ehemaliger Pressesekretär, der zu diesem Zeitpunkt für ›Democrats for Nixon‹ arbeitete] kurzschließen, um LBJ [Lyndon B. Johnson] dazu zu bringen, seinen Einfluß geltend zu machen, um die Untersuchungen des Kapitols gegen Califano, Hubert, und andere zu beenden. Im weiteren Verlauf des Tages entschied er, daß dies keine so gute

Idee wäre, und teilte mir mit, dies nicht zu tun; glücklicherweise hatte ich noch nichts unternommen.«

Am selben Tag zeichnet Haldeman auf, daß Henry Kissinger ganz aufgeregt aus Paris angerufen und mitgeteilt habe, »er werde die Unterzeichnung [des Friedensvertrags mit Nordvietnam] in Paris und nicht in Hanoi durchführen, das sei die Hauptsache«. Er sprach auch davon, den südvietnamesischen Präsidenten Thieu zu überreden »mitzumachen«. Am folgenden Tag:

»Der P kam heute noch einmal auf die Watergate-Sache zurück und wies darauf hin, daß ich mit Connally über die Johnson-Wanzen-Sache reden sollte, um seine Meinung darüber zu erfahren, was zu tun sei. Er fragt sich, ob wir nicht einfach Andreas reinschicken und Hubert erschrecken sollen. Das Problem, sich an LBJ zu wenden, besteht darin, wie er reagiert, und wir müssen von [Deke] De Loach herausbekommen, wer es gewesen ist, und ihn einem Lügendetektortest unterziehen. Ich telefonierte mit Mitchell in dieser Angelegenheit, und er meinte, De Loach habe ihm mitgeteilt, er sei in dieser Sache auf dem laufenden, weil er einen Anruf aus Texas erhalten habe. Ein Reporter des *Star* führte in der letzten Woche Recherchen durch, und LBJ wurde ganz wild und rief Deke an, um ihm zu sagen, daß, wenn die Nixon-Leute damit herumspielten, er [Auslassung nationale Sicherheit] veröffentlichen würde, mit der Zusatzbemerkung, unsere Seite hätte darum gebeten, daß gewisse Dinge getan würden. Mit unserer Seite meinte er wohl die Nixon-Wahlkampagnenorganisation, nehme ich an. De Loach deutete dies

> als direkte Drohung Johnsons. Soweit er sich erinnert, sei eine Verwanzung der Flugzeuge zwar vorgeschlagen, aber abgelehnt worden; das einzige, was sie getan hätten, sei, die Anrufe zu kontrollieren und die Drachenlady [Anna Chennault] abzuhören.«

Diese Bürokratenprosa mag zwar schwer zu lesen sein, doch braucht man keinen Dechiffrierschlüssel, um sie zu knacken. Nixon, der wegen der Verwanzung des Watergate-Gebäudes unter großem Druck stand, beauftragte seinen Stabschef Haldeman und seinen FBI-Kontaktmann Deke De Loach, den Wanzenangriff auf seine Wahlkampagne 1968 publik zu machen. Er scheuchte mit Hilfe ehemaliger hochgestellter Demokraten wie dem Gouverneur von Texas, John Connally, außerdem den ehemaligen Präsidenten Johnson auf, um herauszufinden, wie dessen Reaktion auf eine solche Enthüllung wäre. Ziel war es, zu beweisen, daß »es alle so machen«. (Ein weiteres Paradoxon aus der Zweiparteiensituation in Washington besteht darin, daß die Parole »Das machen doch alle so« zur Verteidigung eingesetzt wird und nicht, wie man hoffen sollte, zur Anklage.)

Daraus ergab sich aber sofort ein Problem: Wie konnte man die Abhöraktion 1968 enthüllen, ohne gleichzeitig zu verraten, worum es bei dieser Abhöraktion ging? Daher der Rückzieher (»keine so gute Idee«). In seiner ausgezeichneten Einleitung zu den Haldeman-Tagebüchern bezeichnet Nixons Biograph Professor Stephen Ambrose den 1973 unternommenen Versuch, sich an Lyndon B. Johnson zu wenden, als »mögliche Erpressung«, die darauf abzielte, hinter verschlossenen Türen Druck auszuüben, um eine Kongreßanhörung zu beenden. Er weist allerdings auch darauf hin, daß Johnson, der kein leichter Gegner war, selbst Erpressermunition in Händen hielt. Wie sich

Professor Ambrose ausdrückt, waren die Tagebücher vom Nationalen Sicherheitsrat auf Herz und Nieren überprüft worden, und die in Klammern angegebene Auslassung sei »die einzige Stelle im ganzen Buch, wo sich ein Beispiel dafür findet, daß der Nationale Sicherheitsrat während der Regierung Carter etwas entfernt hat«. »Acht Tage später wurde Nixon wiedergewählt«, teilt uns Ambrose mit. »Zehn Tage später starb Johnson an einem Herzinfarkt. Was Johnson über Nixon in Händen hielt, werden wir wohl nie erfahren.«

Die Schlußfolgerungen des Professors sind zu zögerlich. Es gibt das allgemein bekannte Prinzip der »Drohung gegenseitiger Vernichtung«, wobei beide Seiten mehr als genug Material besitzen, um die andere zu zerstören. Die Antwort auf die Frage, was die Regierung Johnson gegen Nixon in der Hand hatte, ist relativ leicht zu beantworten. Sie findet sich in einem Buch mit dem Titel *Counsel to the President: A Memoir*, das 1991 veröffentlicht wurde. Der Autor ist Clark Clifford, der hochkarätigste Washington-Insider für erstklassige Informationen, dem bei der Niederschrift zudem noch Richard Holbrooke zur Seite stand, der damalige stellvertretende Außenminister und gegenwärtige UN-Botschafter. 1968 war Clark Clifford Verteidigungsminister und Richard Holbrooke Mitglied des Verhandlungsteams bei den Friedensgesprächen mit Vietnam in Paris.

Von seinem Platz im Pentagon aus war Clifford in der Lage, die Geheimdienstabschriften zu lesen, die festhielten, was er einen »geheimen persönlichen Draht« zwischen Präsident Thieu und der Wahlkampagne Nixons nennt. Der Hauptgesprächspartner auf amerikanischer Seite war John Mitchell, damals Wahlkampfmanager von Nixon und später Justizminister (und schließlich Häftling Nr. 24171157 im Gefängnis auf der *Maxwell Air Force Base*). Er wurde aktiv unterstützt von Mrs. Anna Chennault, die allen als »Drachenlady« bekannt war. Als streitbare Veteranin der Taiwanlobby und vielseitig einsetzbare rechtsgerichtete Intrigenschmiedin gehörte sie zu ihrer Zeit zu den gesellschaftlichen und politischen Kräften in Washington und verfaßte eine eigene Biographie.

Clifford beschreibt ein privates Treffen, an dem er, Präsident Johnson, Außenminister Dean Rusk und Walt Rostow, Nationaler Sicherheitsberater, teilnahmen. Alle durch und durch Hardliner, hielten sie den Vizepräsidenten Humphrey außen vor. Doch so sehr sie auch Hardliner waren, die Beweise für Nixons Verrat entsetzten sie. Dennoch beschlossen sie, nicht mit ihrem Wissen an die Öffentlichkeit zu gehen. Clifford schreibt, dies sei geschehen, um mit der Enthüllung die Gespräche in Paris nicht endgültig scheitern zu lassen. Er hätte noch hinzufügen können, daß dies eine Vertrauenskrise in amerikanischen Institutionen ausgelöst hätte. Es gibt Dinge, die zu wissen man den Wählern nicht zumuten kann. Das Anbringen der Wanzen war zwar legal gewesen, aber wie Fairplay hätte das nicht ausgesehen (der *Logan Act*, ein Gesetz aus dem Jahr 1799, verbietet kategorisch jedem Amerikaner, private diplomatische Beziehungen zu einer fremden Macht zu unterhalten).

Thieu zog sich drei Tage vor den Wahlen aus den Verhandlungen zurück und beendete sie damit. Clifford hegt keinerlei Zweifel daran, auf wessen Rat hin er dies getan hat:

> »Die Aktionen des Nixon-Teams gingen weit über die Grenzen zu rechtfertigender politischer Auseinandersetzung hinaus. Sie stellten eine direkte Einmischung in die Maßnahmen der staatlichen Instanzen und die Befugnisse des Präsidenten dar, den einzigen, die die Macht haben, für die Nation Verhandlungen zu führen. Die Aktionen des Nixon-Wahlkampfteams stellten eine

> eklatante, möglicherweise illegale Einmischung in die Sicherheitsangelegenheiten des Landes durch Privatpersonen dar.«

Dann, vielleicht weil er sich einer gewissen Schwäche seiner juristischen Prosa bewußt wird und sich möglicherweise auch ein wenig schämt, das Geheimnis für seine Memoiren aufbewahrt statt es mit der Wählerschaft geteilt zu haben, fügt Clifford in einer Fußnote an:

> »Es muß daran erinnert werden, daß die Öffentlichkeit in den Tagen vor den Watergate-Anhörungen und der Untersuchung der CIA durch den Senat 1975 in solchen Fragen erheblich naiver war.«

Vielleicht war die Öffentlichkeit wirklich naiver, und sei es nur aufgrund der Zurückhaltung solcher Insiderstrategen wie Clifford, die glaubten, daß es Dinge gebe, die zu profan seien, um sie publik zu machen. Heute behauptet er, er habe vorgehabt, entweder Nixon privat mit dieser Information zu konfrontieren und ihn zu zwingen, davon Abstand zu nehmen, oder sie an die Öffentlichkeit zu geben. Möglicherweise waren dies wirklich seine Absichten.

Ein klüger gewordener investigativer Journalismus hat uns seitdem mehrere neue Versionen dieser erschreckenden Episode geliefert. Auch in den zurückhaltenden Memoiren von Richard Nixon findet sich etwas. Es bedurfte mehr als eines »Kanals«, damit die Republikaner die Pariser Friedensgespräche destabilisieren konnten. Es mußte geheime Gespräche zwischen Nixon und den Südvietnamesen geben, wie wir gesehen haben. Aber es mußte auch einen Informanten innerhalb des Lagers der amtierenden Regierung geben, eine Quelle der

Andeutungen, Ratschläge und Vorabinformationen über offizielle Absichten. Dieser Informant war Henry Kissinger.

Der in Ungnade gefallene Präsident erzählt uns in seiner Darstellung, *The Memoirs of Richard Nixon*, daß er Mitte September 1968 private Informationen erhielt, es sei ein Bombenstopp geplant. Anders ausgedrückt: Die Regierung Johnson zog zugunsten der Verhandlungen in Betracht, das Luftbombardement Nordvietnams auszusetzen. Diese überaus nützliche Vorabinformation, so teilt uns Nixon mit, erreichte ihn »über einen höchst ungewöhnlichen Kanal«. Er war noch ungewöhnlicher, als er zugeben mag. Kissinger war bis zu diesem Zeitpunkt treuer Anhänger von Nelson Rockefeller gewesen, dem unerreicht wohlhabenden Fürsten der liberalen Republikaner. Seine Verachtung für die Person und die Politik Richard Nixons blieb nicht verborgen. Präsident Johnsons Pariser Verhandlungsführer, geleitet von Averell Harriman, rechneten Kissinger fast zu den Ihren. Er hatte sich als Rockefellers oberster außenpolitischer Berater nützlich gemacht, indem er französische Vermittler mit eigenen Kontakten in Hanoi ins Spiel brachte. »Henry war der einzige außerhalb der Regierung, mit dem wir die Verhandlungen bereden durften«, berichtete Richard Holbrooke dem Kissinger-Biographen und *Time Magazine*-Herausgeber Walter Isaacson. »Wir vertrauten ihm. Es dürfte der Wahrheit keinen Abbruch tun zu behaupten, daß Nixons Kampagne eine geheime Quelle innerhalb der amerikanischen Verhandlungsgruppe hatte.«

Die Aussicht auf einen Bombenstopp, schreibt Nixon, »kam nicht wirklich überraschend für mich«. Er fügt hinzu: »Ich sagte zu Haldeman, daß Mitchell weiter seine Beziehungen zu Kissinger pflegen sollte und wir seinen Wunsch respektieren würden, seine Rolle völlig vertraulich zu behandeln.« Unmöglich, daß Nixon nichts davon wußte, daß sein Wahlkampfmanager noch eine andere Rolle spielte, indem er mit einer fremden Macht unter einer Decke steckte. So begann eine inneramerikanische Geheimaktion, die sowohl darauf abzielte, die Gespräche zu torpedieren, als auch Hubert Humphreys Wahlkampf zu behindern.

Etwas später, am 26. September, wie Nixon in seinen Memoiren vermerkt, rief Kissinger erneut an: »Er sagte, er sei gerade aus Paris zurück, wo er aufgeschnappt habe, daß etwas Großes in bezug auf Vietnam im Gange sei. Er riet mir, auf neue Ideen oder Vorschläge zu verzichten, falls ich im Lauf der folgenden Woche vorhätte, etwas über Vietnam zu sagen.« Am selben Tag lehnte Nixon die Herausforderung Humphreys ab, sich einer öffentlichen Debatte zu stellen.

Am 12. Oktober meldete sich Kissinger erneut und deutete an, daß ein Bombenstopp möglicherweise schon am 23. Oktober bekanntgegeben würde. Und so hätte es auch kommen können. Wenn da nicht die Tatsache gewesen wäre, daß jedesmal dann, wenn die Nordvietnamesen sich einer Übereinkunft näherten, die Südvietnamesen ihre Forderungen höherschraubten. Wir wissen heute, warum das so war, wie es dazu kam und wie die beiden Hälften dieser Strategie miteinander verwoben waren. Schon im Juli hatte sich Nixon in New York heimlich mit dem südvietnamesischen Botschafter Bui Diem getroffen. Die Verabredung hatte Anna Chennault arrangiert. Das Abhören der südvietnamesischen Büros in Washington und die Beobachtung der »Drachenlady« enthüllten, wie die Geschichte funktionierte. In einem abgefangenen Telegramm an Präsident Thieu vom schicksalhaften 23. Oktober teilte Botschafter Diem mit: »Viele republikanische Freunde sind mit mir in Kontakt getreten und ermutigen uns, standhaft zu bleiben. Sie waren alarmiert über Presseberichte, die vermeldeten, Sie hätten bereits in Ihrer Haltung nachgegeben.« Die Abhöranweisungen gingen an einen gewissen Cartha De Loach, seinen Kollegen als »Deke« bekannt, J. Edgar Hoovers FBI-Verbindungsoffizier zum Weißen Haus. Wir begegneten ihm schon einmal, Sie erinnern sich, in H. R. Haldemans Tagebüchern.

1999 bekam der Autor Anthony Summers endlich Einblick in eine geschlossene FBI-Akte über die abgehörten Gespräche der Nixon-Wahlkampagne; er veröffentlichte sie 2000 in seinem Buch *The Arrogance of Power: The Secret World of Richard Nixon.* Er konnte zudem ein Interview mit Anna Chennault führen. Dieser Durchbruch verschaffte ihm hinsichtlich der Verschwörung von 1968, was man derb einen »rauchenden Colt« nennen könnte, einen unumstößlichen Beweis also. Ende Oktober 1968 fürchtete John Mitchell so sehr, er könne offiziell überwacht werden, daß er keine Anrufe von Chennault mehr entgegennahm. Präsident Johnson hatte in einer Konferenzschaltung mit den drei Kandidaten Nixon, Humphrey und Wallace (angeblich, um sie über den Bombenstopp zu unterrichten) deutlich zu erkennen gegeben, daß er von den verdeckten Bemühungen wußte, die seine Vietnamdiplomatie vereiteln sollten. Dieser Anruf löste in Nixons innerem Kreis fast eine Panik aus, woraufhin Mitchell Chennault im Sheraton Park Hotel anrief. Er bat sie darum, ihn auf einer abhörsicheren Leitung zurückzurufen. »Anna«, sagte er zu ihr, »ich spreche hier im Namen von Mr. Nixon. Es ist sehr wichtig, daß unsere vietnamesischen Freunde unsere republikanische Position begreifen, und ich hoffe, Sie haben sie ihnen klargemacht. Glauben Sie wirklich, daß sie entschlossen sind, nicht nach Paris zu fahren?«

Die reproduzierten FBI-Originaldokumente geben wieder, was dann geschah. Am 2. November 1968 meldet der Agent:

»Mrs. Anna Chennault kontaktierte den vietnamesischen Botschafter Bui Diem und teilte ihm mit, daß sie eine Nachricht von ihrem Chef (nicht näher identifiziert) erhalten habe, um deren persönliche Weitergabe an den Botschafter er sie gebeten habe. Sie sagte, die Nachricht laute, der Botschafter solle ›durchhalten, wir werden gewinnen‹. Ihr Chef habe auch gesagt, ›durchhalten, er versteht alles‹. Sie wiederholte, dies sei die einzige Nachricht. ›Er sagte, bitte sagen sie Ihrem Chef, er soll durchhalten.‹ Sie teilte mit, daß ihr Chef gerade aus New Mexico angerufen habe.«

Nixons Vizepräsidentschaftskandidat Spiro Agnew war an diesem Tag gerade auf Wahlkampfreise in Albuquerque, New Mexico; weiterführende Geheimdienstanalysen ergaben, daß er und ein weiteres Stabsmitglied (das vor allem mit Vietnam zu tun hatte) tatsächlich in Kontakt mit Chennaults Lager standen.

Das Schönste daran, daß Kissinger auf der einen Seite geheime Informationen weitergab und Anna Chennault und John Mitchell auf der anderen Seite eine private Außenpolitik betrieben, war folgendes: Es ermöglichte Nixon, sich aus dem Streit über einen Bombenstopp herauszuhalten. Und es ermöglichte ihm zudem anzudeuten, daß es in Wahrheit die Demokraten seien, die in dieser Frage politisch tricksten. Am 25. Oktober setzte er seine oft verwendete und für gut befundene Taktik ein, versteckte Andeutungen zu machen, indem er so tat, als wolle er damit nichts zu tun haben. Er sagte über LBJs Pariser Diplomatie: »Man hat mir ebenfalls mitgeteilt, daß Präsident Johnsons Bemühungen nur ein in letzter Minute angesetzter Versuch seien, die Kandidatur von Mr. Humphrey zu retten. Das glaube ich nicht.«

Kissinger bewies ähnliche Fähigkeiten, beide Seiten gegeneinander auszuspielen. Im Spätsommer 1968 hatte er auf Martha's Vineyard* Professor Samuel Huntington, einem engen Berater von Hubert Humphrey, Nelson Rockefellers Akten über Nixon angeboten. Doch als Zbigniew Brzezinski, Huntingtons Kollege und Freund, sich bemühte, Kissinger beim Wort zu nehmen, machte dieser einen Rückzieher. »Ich habe Nixon schon seit Jahren gehaßt«, sagte er zu Brzezinski, doch die Zeit sei noch nicht reif für die Übergabe. In der Tat, die Präsidentschaftswahlen 1968 waren eine enge Angelegenheit, es ging um eine Differenz von ein paar hunderttausend Stimmen. Viele abgebrühte Beobachter glauben, die Entscheidung sei dadurch zustande gekommen, daß Johnson am 31. Oktober einen Bombenstopp ausrief und die Südvietnamesen ihn wie einen dummen Jungen dastehen ließen, als sie die Friedensgespräche zwei Tage darauf boykottierten. Wären die Dinge anders gelaufen, hätte Kissinger mit größter Sicherheit auch einen höheren Posten in einer Regierung Humphrey besetzt.

Leicht anders gewichtet, tauchen größere Teile dieser Geschichte auch in Haldemans Tagebüchern und in Cliffords Memoiren auf. In Präsident Johnsons Autobiographie, *The Vantage Point* (deutsch: *Meine Jahre im Weißen Haus*), werden sie in Auszügen wiedergegeben, ebenso wie in William Bundys längerer Betrachtung über Indochina (Bundy war einer der Architekten des Krieges), die den etwas banalen Titel *The Tangled Web* trägt (etwa: Das verhedderte Netz). Ältere Presseleute, darunter Jules Witcover in seiner Geschichte des Jahres 1968, Seymour Hersh in seiner Studie über Kissinger und Walter Isaacson, der geschäftsführende Herausgeber des *Time Maga-*

---

* Eine Atlantikinsel an der US-amerikanischen Ostküste, nördlich von New York; A. d. Ü.

zine, in seiner bewundernden, aber durchaus kritischen Kissinger-Biographie, haben nahezu identische Berichte dieser abgründigen Episode geliefert. Die einzige Schilderung, die unter Anlegung jedes literarischen oder historischen Maßstabs falsch ist, ist jene in Henry Kissingers Memoiren. Dort schreibt er:

> »Mehrere Abgesandte Nixons, einige davon selbsternannt, riefen mich an und baten um Rat. Ich beharrte auf der Haltung, daß ich spezifische Fragen zur Außenpolitik wohl beantwortete, aber keinen allgemeinen Rat gab und keine unverlangten Vorschläge machte. Diese Antwort habe ich auch auf Anfragen aus dem Stab Humphreys gegeben.«

Dies widerspricht sogar den selbstbeschönigenden Memoiren jenes Mannes, der nach dem mit Hilfe dieser hinterhältigen Machenschaften errungenen Wahlsieg 1968 als erste Maßnahme Henry Kissinger zum Nationalen Sicherheitsberater ernannte. Wir wollen nicht annehmen, daß es zwischen den beiden einen Verlogenheitswettstreit gab, doch bevor Richard Nixon diese Wahl traf, hatte es erst eine kurze und peinliche Begegnung mit Henry Kissinger gegeben. Nixon verfügte sicherlich über erheblich überzeugendere Fakten, um die Fähigkeiten des Mannes zu beurteilen, als dieses eine Treffen. »Eine Tatsache, die mich am meisten von Kissingers Glaubwürdigkeit überzeugte«, schrieb Nixon später in seiner köstlichen Prosa, »war die Mühe, die er sich damit machte, seine Geheimnisse zu hüten.«

Das furchtbare Geheimnis ist nun keines mehr. In der Januarausgabe 1969 von *Foreign Affairs*, dem Hausorgan der politischen Elite, erschien wenige Tage nach Kissingers Ernennung zu Nixons rechter Hand dessen eigene Einschätzung der Vietnamverhandlungen. In jedem bedeutenden Punkt stimmte er dem von Johnsons und Humphreys Unterhändlern in Paris eingeschlagenen Kurs zu.

Man muß kurz innehalten, um diese Ungeheuerlichkeit zu begreifen. Kissinger hatte dabei mitgewirkt, einen Mann an die Spitze zu bringen, der der südvietnamesischen Junta unter der Hand einen besseren Deal versprochen hatte, als sie ihn von den Demokraten erwarten konnte. Die Saigoner Machthaber handelten dann tatsächlich so, wie Bundy reumütig eingesteht, als hätten sie bereits ein Geschäft ausgehandelt. Dies bedeutete, um einen späteren Nixon-Slogan zu verwenden, »*Four More Years*«. Allerdings vier weitere Jahre eines nicht zu gewinnenden, unerklärten und mörderischen Krieges, der noch ausgedehnt wurde, bevor er zu Ende ging, und der zu den gleichen Bedingungen zu Ende gebracht wurde, die schon im Herbst 1968 auf dem Tisch gelegen hatten.

Und all dies war nur nötig, um Henry Kissinger nach vorn zu bringen. Es machte aus einem mittelmäßigen, opportunistischen Akademiker einen internationalen Potentaten. Seine herausragenden Eigenschaften waren schon von Beginn an vorhanden: Kriecherei und Doppelzüngigkeit, Machtverehrung und das völlige Fehlen jeglicher Skrupel, das Verschachern alter scheinbarer Freunde für neue scheinbare Freunde. Auch die Wirkungen all dessen waren bereits zu erkennen: die ungezählten sinnlosen Tode, die offiziellen und inoffiziellen Lügen über die Kosten des Kriegs, die gewichtige, aufgeblasene Pseudoentrüstung beim Stellen unbequemer Fragen. Kissingers Weltkarriere begann so, wie sie auch weiterhin verlaufen sollte. Sie verdarb die amerikanische Republik und die Demokratie, und sie forderte schwächeren und verwundbareren Gesellschaften eine ungeheuerliche Menge Menschenopfer ab.

Zur Warnung:
Eine Bemerkung zum 40 Committee

Hier möchte ich auf das *40 Committee* verweisen, jenes halbgeheime Gremium, dessen Vorsitzender Henry Kissinger zwischen 1969 und 1976 war. Man muß sich dabei keine riesige, krakenhafte Organisation vorstellen, die im Zentrum eines Netzes von Verschwörungen steht; allerdings ist es wichtig, zu wissen, daß es dieses Komitee gab, das während dieser Zeit die Oberaufsicht über die verdeckten Aktionen der Vereinigten Staaten in Übersee (und möglicherweise auch im eigenen Land) führte.

Präsident Truman hatte die CIA zu Beginn des kalten Kriegs gegründet. Während der ersten Regierung Eisenhower spürte man die Notwendigkeit, eine Abhör- oder Überwachungsorganisation einzuführen, welche die geheimen Überseeoperationen kontrollierte. Diese Abteilung war bekannt als *Special Group*, manchmal auch als *54/12 Group*, nach der Ziffer der Direktive des Nationalen Sicherheitsrats, die diese Organisation ins Leben rief. Unter Präsident Johnson wurde sie *303 Committee* genannt, während der Regierungen Nixon und Ford *40 Committee*. Manche glauben, daß diese Namensänderungen die Ziffern späterer Direktiven des Nationalen Sicherheitsrats widerspiegeln; andere, daß es sich um die Nummern jener Zimmer im hübschen *Old Executive Office Building* handelte (das jetzt mit dem benachbarten Weißen Haus verbunden ist), in denen die Treffen stattfanden. Tatsächlich wurde das Memorandum 40 des Nationalen Sicherheitsrats nach dem Zimmer benannt, in dem sich das Komitee traf. Weiter nichts.

Falls es irgendwelche phantastischen Gerüchte über die Arbeit dieses Komitees gibt, dann sind diese Ergebnis des absurden Geheimhaltungskultes, der das Komitee zeitweilig umgab.

Bei den Senatsanhörungen 1973 befragte Senator Stuart Symington den damaligen Direktor des Geheimdienstes, William Colby, nach den Ursprüngen und der Weiterentwicklung des Überwachungsgremiums:

»*Symington*:	Also gut. Wie lautet der Name des letzten Komitees dieser Art?
Colby:	40 Committee.
Symington:	Wer ist der Vorsitzende?
Colby:	Nun, ich würde es auch in diesem Fall vorziehen, mich in Fragen der Beschreibung des 40 Committee zu einer Geheimsitzung zurückzuziehen, Herr Vorsitzender.
Symington:	Auf die Frage, wer der Vorsitzende ist, wollen Sie sich beraten?
Colby:	Der Vorsitzende, also gut, Herr Vorsitzender, Dr. Kissinger ist in seiner Funktion als Nationaler Sicherheitsberater des Präsidenten der Vorsitzende.«

Mit anderen Worten: Kissinger bekleidete diese Position von Amts wegen. Seine damaligen Kollegen waren der *Air Force*-General George Brown, Vorsitzender der Vereinten Stabschefs von Marine, Heer und Luftwaffe *(Joint Chiefs of Staff)*; William P. Clements Jr., stellvertretender Verteidigungsminister; Joseph Sisco, Staatssekretär im Außenministerium für politische Angelegenheiten, und William Colby, Direktor der CIA.

Von geringen Abweichungen abgesehen, waren jene, die diese Positionen innehatten, auch Dauermitglieder des *40 Committee*, das, wie Präsident Ford in einer der seltenen öffentlichen Erwähnungen dieser Gruppe durch einen Präsidenten sagte, »alle verdeckten Operationen kontrolliert, die von unserer Regierung durchgeführt werden«. Eine wichtige Änderung nahm Präsident Nixon vor, als er seinen ehemaligen Wahlkampfmanager und Justizminister John Mitchell in das Komitee berief, der einzige Justizminister, der je in diesem Gremium saß. Die Gründungsakte der CIA verbietet es ihr, irgendwelche Inlandoperationen durchzuführen. Im Januar 1975 wurde Justizminister Mitchell zahlreicher Fälle von Meineid, Behinderung der Justiz und der Verschwörung mit dem Ziel, den Watergate-Einbruch zu vertuschen (der zum Teil von ehemaligen CIA-Agenten durchgeführt wurde), für schuldig befunden. Er war damit der erste Justizminister des Landes, der eine Haftstrafe abzusitzen hatte.

Wir haben Mr. Mitchell schon einmal im Zusammenhang mit Mr. Kissinger erwähnt. Der Nutzen dieser Bemerkung liegt, wie ich hoffe, darin, einen Faden aufzuzeigen, der sich durch den ganzen Artikel zieht. Man kann getrost bei allen in den Jahren zwischen 1969 und 1976 durchgeführten verdeckten amerikanischen Operationen davon ausgehen, daß Henry Kissinger unmittelbar davon wußte und dafür verantwortlich ist. Falls er behaupten sollte, daß dem nicht so sei, dann erklärt er damit, jenen Job, an den er sich mit großer bürokratischer Hartnäckigkeit geklammert hat, nicht getan zu haben. Unabhängig davon, ob er die Verantwortung übernimmt oder nicht, zu tragen hat er sie in jedem Fall.

Indochina

Auch wenn man gezwungen ist, sich auf die rauhe Wirklichkeit zu konzentrieren, darf man doch nicht das Element des Surrealen aus den Augen verlieren, das Henry Kissinger umgibt. Nach einem Besuch in Vietnam Mitte der sechziger Jahre, als viele technokratische Opportunisten noch immer davon überzeugt waren, daß dieser Krieg sinnvoll und zu gewinnen sei, behielt sich der junge Henry ein Urteil über den Sinn des Kriegs vor, entwickelte aber privat erhebliche Zweifel an der Gewinnbarkeit. Er ging so weit, sich an einer Initiative zu beteiligen, die persönliche Kontakte mit Hanoi umfaßte. Er lernte zwei Franzosen kennen, die einen direkten Draht zur kommunistischen Führung in Nordvietnams Hauptstadt hatten. Raymond Aubrac, französischer Beamter, ein Freund Ho Chi Minhs, und Herbert Marcovich, ein Mikrobiologe, unternahmen einige Reisen nach Nordvietnam. Nach ihrer Rückkehr informierten sie Kissinger in Paris. Er wiederum flocht ihre Informationen bei hochrangigen Gesprächen in Washington ein und übermittelte dem Verteidigungsminister Robert McNamara die tatsächlichen oder möglichen Verhandlungspositionen Pham Van Dongs und anderer kommunistischer Staatsmänner. (Schließlich unterminierte das gnadenlose Bombardement des Nordens jeden »Brükkenbau«. Vor allem die heute längst vergessene Zerstörung der Paul-Doumer-Brücke erzürnte die Vietnamesen.)

Diese schwerelose Mittelposition, die ihm 1968 dabei half, sein Doppelspiel zu spielen, erlaubte es Kissinger, als Gouverneur Rockefellers Bauchredner aufzutreten und auf indirekte Weise die zukünftige Entspannungspolitik mit Amerikas Hauptrivalen einzuleiten. Bei seiner ersten großen Rede als Kandidat für die republikanische Nominierung 1968 sprach Rockefeller in großen Tönen davon, »wie wir in einem ausgewogenen Dreieck mit dem kommunistischen China und der Sowjetunion letztlich unsere Beziehungen zu beiden verbessern und so den Friedenswillen beider prüfen«. Diese Andeutung einer späteren Strategie Kissingers könnte beim ersten Lesen wie eine Vorahnung wirken. Doch Gouverneur Rockefeller hatte ebensowenig Grund wie Vizepräsident Humphrey anzunehmen, daß sein ambitionierter Mitarbeiter ins Nixon-Lager überlaufen und ebendiese Entspannung aufs Spiel setzen und auf einen späteren Zeitpunkt verschieben würde, um dann selbst den Ruhm für ein minderwertiges Simulacrum davon einzuheimsen.

Moralisch gesprochen, behandelte Kissinger das Konzept der Wiederannäherung der Supermächte ebenso, wie er das Konzept einer Einigung in Vietnam behandelte: als Mittel zum eigenen Zweck. Es gab eine Zeit, in der er so tat, als unterstütze er dieses Konzept, und eine Zeit, in der er es als feige und verräterisch ablehnte. Und es gab eine Zeit, in der für dieses Konzept das Verdienst beanspruchte.

Einige derjenigen, die in Indochina nur »Befehlen gehorchten«, mögen sich auf dieses schwache Argument stützen. Andere, die die Befehle erteilten, mögen uns heute erzählen, daß sie zu der Zeit in gutem Glauben gehandelt hätten. Kissinger jedoch kann von diesem Alibi keinerlei Gebrauch machen. Er wußte stets, was er tat, und er läutete eine weitere Runde von Kriegshandlungen ein, nachdem er zuvor wissentlich daran mitgewirkt hatte, eine Alternative zu zerstören, die er selbst für realistisch hielt. Dies erhöht das Gewicht der Anklage gegen ihn. Es wappnet uns aber auch vor seiner improvisierten und retrospektiven Verteidigung: Die von ihm zu verantwortenden schlimmen Verwüstungen hätten schließlich zum »Frieden« geführt.

Als er im Oktober 1972 prahlerisch und falsch verkündete, »der Frieden steht kurz bevor«, behauptete er etwas, das schon (und mit viel weniger Blutvergießen) 1968 hätte bewahrheitet werden können. Und als er sich später der Kontakte der Supermächte untereinander rühmte, verkündete er nur das Resultat einer geheimen, korrupten Diplomatie, die ursprünglich als offene, demokratische Diplomatie vorgesehen gewesen war. In der Zwischenzeit hatte er illegal amerikanische Bürger und Staatsbeamte beschatten und abhören lassen, deren Zweifel am Krieg und an der verfassungswidrigen Macht noch milde waren im Vergleich zu denen der Messieurs Aubrac und Marcovich. Wenn wir herausfinden wollen, ob das, was die Juristen *mens rea* (kriminelle Absicht) nennen, hier vorliegt, dann können wir festhalten, daß in diesem Fall Kissinger sich seiner Taten bewußt war und dafür zur Verantwortung gezogen werden kann.

Als er Anfang 1969 das Amt an Richard Nixons Seite antrat, war es Kissingers Aufgabe, päpstlicher als der Papst zu sein, und dies in zweierlei Hinsicht. Er mußte eine vernünftige Erklärung zusammenstricken, warum Strafaktionen auf einem bereits verheerten vietnamesischen Kriegsschauplatz nötig waren, und er mußte den Wunsch seines Prinzipals unterstützen, Teil einer »Wand« zwischen Nixons Weißem Haus und dem Außenministerium zu bilden. »Zweigleisigkeit« sollte später der gebräuchliche Ausdruck dafür werden. Kissingers Haltung zu beiden Jobs, wahllose Gewaltanwendung in Übersee und schamlose Illegalität daheim, war von Anfang an eindeutig. Er scheint an keiner der beiden Aufgaben den Geschmack verloren zu haben; man kann nur leise hoffen, daß dies nicht die ersten Wirkungen des Aphrodisiakums waren.

Präsident Johnsons Bombenstopp hätte sowieso nicht lange gehalten, auch wenn man bedenkt, daß die ursprüngliche versöhnliche Absicht so niederträchtig unterlaufen wurde. Averell Harriman, LBJs Chefunterhändler in Paris, sagte später vor dem Kongreß aus, daß die Nordvietnamesen im Oktober und November 1968 neunzig Prozent ihrer Streitkräfte aus den beiden nördlichen Provinzen Südvietnams zurückgezogen hätten, wie es das Abkommen vorgesehen habe; der Bombenstopp sei ein weiterer Teil des Abkommens gewesen. In der neuen Konstellation jedoch konnte dieser Rückzug auch als Zeichen von Schwäche oder sogar als »Licht am Ende des Tunnels« interpretiert werden.

Die geschichtlichen Unterlagen zum Indochinakrieg sind umfangreich, die daraus resultierenden Kontroversen nicht minder. Dies hindert uns aber nicht daran, einem durchgängigen Faden zu folgen. Nachdem der Krieg auf unnatürliche und undemokratische Weise in die Länge gezogen worden war, waren immer maßlosere Methoden nötig, um ihn zu führen, und immer phantastischere Ausreden erforderlich, um dies zu rechtfertigen. Nehmen wir einige zusammenhängende Fälle heraus, in denen die Zivilbevölkerung vorsätzlich flächendeckend bombardiert wurde, in denen das Gewohnheitsrecht des Kriegs und der Neutralität verletzt wurden und in denen absichtlich Lügen verbreitet werden mußten, um diese und andere Tatsachen zu vertuschen.

Der erste Fall ist ein Beispiel dafür, was Vietnam hätte erspart bleiben können, wenn die Friedensgespräche in Paris 1968 nicht sabotiert worden wären. Im Dezember 1968, während der Übergangszeit zwischen den Regierungen Johnson und Nixon, wandte sich die Militärführung der Vereinigten

Staaten einer Strategie zu, die General Creighton Abrams als »totalen Krieg« gegen die »Infrastruktur« der Rebellen des Vietcong bezeichnete. Paradestück dieser Kampagne war eine sechsmonatige Säuberung der Provinz Kien Hoa. Deckname für die Säuberung war *Operation Speedy Express*.

Mit viel Mühe könnte man sich vielleicht vorstellen, daß es, irgendeiner theoretischen Überlegung folgend, denkbar ist, solche Methoden zu rechtfertigen durch internationales Recht und die Grundsätze, die das souveräne Recht der Selbstverteidigung definieren. Doch kein Land, das in der Lage ist, die im folgenden beschriebenen überwältigenden, alles vernichtenden Kriegsmittel einzusetzen, dürfte sich wirklich in der Defensive befinden. Noch viel unwahrscheinlicher wäre es, daß sich ein solches Land auf eigenem Territorium auf dem Rückzug befände. Die Regierung Nixon-Kissinger kämpfte nicht um ihr Überleben, es sei denn in einer recht ungewöhnlichen Hinsicht. Hinweise darauf finden sich erneut in der äußerst sachlichen Darstellung von H. R. Haldeman. Von seinem Platz an Nixons Seite aus beschreibt er einen Moment am 15. Dezember 1970:

> »K[issinger] kam herein, und die Diskussion umfaßte einen Teil der allgemeinen Vorstellungen über Vietnam und den großen Friedensplan des P für kommendes Jahr, den K nicht präferierte, wie er mir später sagte. Er glaubt, daß jeder Rückzug im kommenden Jahr ein ernsthafter Fehler wäre, da die negativen Auswirkungen schon entscheidend vor den Wahlen 1972 einsetzen könnten. Er bevorzugt statt dessen ein kontinuierliches Absenken der Kriegshandlungen und einen Rückzug im Herbst 1972, damit irgendwelche negativen Folgen erst so spät einsetzten, daß die Wahlen nicht beeinflußt würden.«

Klarere Worte kann man sich kaum wünschen (und noch dazu von einem von Nixons Hauptmitstreitern, der nun wirklich nicht vorhatte, die Wiederwahl des Präsidenten zu gefährden). Tatsächlich gesteht Kissinger im ersten Band seiner Memoiren, *The White House Years*, die Sache selbst fast ein. Es geht um ein Treffen mit General de Gaulle, bei dem der alte Krieger wissen will, mit welchem Recht die Regierung Nixon Indochina so verheerend bombardiert. Seinen Erinnerungen zufolge erwidert Kissinger, daß »ein plötzlicher Rückzug uns vielleicht in Schwierigkeiten hinsichtlich unserer Glaubwürdigkeit bringen könnte«. (Auf die Gegenfrage: »Wo?«, verweist Kissinger nebelhaft auf den Nahen Osten.) Wichtig ist, dabei im Auge zu behalten, daß der zukünftige Schmeichler Breschnjews und Mao Zedongs keineswegs beanspruchen konnte, er bemühe sich, den Krieg in Indochina durch die massive Bombardierung zu beenden. Charles de Gaulle gegenüber wagte er es gar nicht erst, mit einer solch fadenscheinigen Ausrede zu kommen. Und tatsächlich konnte der Verfechter geheimer Verhandlungen mit China genausowenig glaubwürdig behaupten, er bekämpfe den Stalinismus im allgemeinen. Nein, es ging allein um »Glaubwürdigkeit«, um die Wahrung des Gesichts. Es ist bekannt, daß von dem Tag an, als Nixon und Kissinger ins Amt kamen, bis zu dem Tag im Jahr 1973, als sie die amerikanischen Truppen zurückzogen und die Logik von 1968 akzeptierten, 20 763 Amerikaner, 109 230 Südvietnamesen und 496 260 nordvietnamesische Soldaten in Indochina ihr Leben ließen. Was geschieht, wenn die Familien und Nachkommen dieser Opfer sich der Tatsache stellen müssen, daß es Kissinger war, der sein Gesicht nicht verlieren wollte?

Das allgemein so genannte »Weihnachtsbombardement« Nordvietnams 1972 muß nach allen Maßstäben als Kriegsverbrechen angesehen werden. Es begann in der Wahlkampagne, deren Verlauf Kissinger und Haldeman zwei Jahre zuvor so genau vorhergesehen hatten, und wurde auch nach Nixons Wahlsieg fortgesetzt. Das Bombardement wurde nicht aus irgendwelchen militärischen Zielen durchgeführt, sondern aus zwei politischen Gründen. Der erste war innenpolitischer Natur: ein Beweis der Stärke gegenüber Scharfmachern im Kongreß und Mittel, um die Demokratische Partei in die Defensive zu zwingen. Der zweite Grund bestand darin, die südvietnamesischen Führer wie Thieu – unnachgiebig wie all die Jahre zuvor – davon zu überzeugen, daß ihre Einwände gegen einen Rückzug der Amerikaner zu ängstlich waren. Auch dies eine Hypothek auf die geheime Anzahlung von 1968.

Als der unausweichliche Zusammenbruch in Kambodscha und Vietnam im April und Mai 1975 erfolgte, war der Preis dafür unendlich viel höher, als er 1968 gewesen wäre. Diese sieben mageren Jahre endeten so, wie sie begonnen hatten: mit einem Spektakel der Prahlerei und der Täuschung. Am 12. Mai 1975, in den ersten Tagen nach der Machtergreifung der Roten Khmer, brachten kambodschanische Kanonenboote einen amerikanischen Frachter namens *Mayaguez* auf. Das Schiff wurde in internationalen Gewässern abgefangen, die Kambodscha als Hoheitszone beanspruchte, und dann zur kambodschanischen Insel Koh Tang verschleppt. Trotz Berichten, daß die Besatzung freigelassen worden sei, drängte Kissinger auf einen sofortigen Schlag, um sein Gesicht zu wahren und die Glaubwürdigkeit wiederherzustellen. Er überredete Präsident Gerald Ford, den unerfahrenen und mittelmäßigen Nachfolger seines aus dem Amt entfernten ehemaligen Chefs Nixon, die *Marines* und die *Air Force* zu entsenden. Von den 110 *Marines* kamen 18 um, 50 wurden verletzt. 23 Soldaten der *Air Force* starben bei einem Helikopterabsturz. Die Vereinigten Staaten warfen eine 15 000-Pfund-Bombe auf die Insel, die größte nichtatomare Bombe im amerikanischen Arsenal. Niemand weiß, wie viele Kambodschaner sie tötete. Die Opfer waren sinnlos, da die Schiffsbesatzung der *Mayaguez* schon einige Stunden zuvor freigelassen worden war. Eine nachfolgende Untersuchung des Kongresses ergab, daß Kissinger davon hätte wissen können, wenn er kambodschanisches Radio gehört oder seine Aufmerksamkeit darauf gerichtet hätte, daß die Regierung eines Drittstaats bereits über die Freilassung der Besatzung und die Herausgabe des Schiffes verhandelte. Es war ja nun nicht so, als hätten die Kambodschaner in jenem Monat im Jahr 1975 noch irgendwelche Zweifel daran, daß die US-Regierung gewillt war, einen vernichtenden Schlag zu führen.

In Washington (D. C.) gibt es ein berühmtes und gepriesenes Ehrenmal für die amerikanischen Gefallenen des Vietnamkriegs. Bekannt als das *Vietnam Veterans' Memorial*, trägt es allerdings einen leicht irreführenden Titel. Ich war bei der zutiefst anrührenden Enthüllung dieses Ehrenmals 1982 anwesend, und mir fiel auf, daß die Liste der fast 60 000 Namen, die in die Wand eingraviert sind, nicht nach Alphabet, sondern nach Datum geordnet ist. Die ersten Namen tauchen 1959 auf, die letzten 1975. Manchmal kann man historisch besser bewanderte Besucher sagen hören, sie hätten gar nicht gewußt, daß die Vereinigten Staaten schon so früh und noch so spät in Vietnam engagiert gewesen seien. Dieses Wissen war auch nicht für die Öffentlichkeit bestimmt. Die ersten Namen gehören zu den geheim operierenden Einsatzkräften, die Oberst Edward Lansdale ohne Zustimmung des Kongresses entsandt hatte, um den französischen Kolonialismus zu stützen. Die letzten Namen gehören jenen, die im *Mayaguez*-Fiasko ihr Leben ließen. Es brauchte einen Henry Kissinger, um einen Krieg voller Greuel, den zu verlängern er mitgeholfen hatte, ebenso verstohlen und schimpflich enden zu lassen, wie er begann.

Eine Sammlung von Fällen: Kissingers Kriegsverbrechen in Indochina

Manche Feststellungen sind zu hart für den alltäglichen konsensgeprägten Diskurs. In der nationalen »Debatte« sind es die glatten Kiesel, die immer wieder aus dem Fluß geholt werden, um als Wurfgeschosse zu dienen. Sie hinterlassen nur kleine Narben, selbst wenn sie treffen. Ab und zu jedoch sorgt eine einzelne scharfe Bemerkung für einen Riß, eine Wunde, die sofort ausgebrannt werden muß. Im Januar 1971 gab General Telford Taylor, bei den Nürnberger Prozessen US-Chefankläger, eine wohlüberlegte Erklärung ab. Er verwies zunächst auf die rechtlichen und moralischen Grundlagen dieser Prozesse ebenso wie jener in Tokio gegen die japanischen Kriegsverbrecher und des Prozesses von Manila gegen den obersten Militärführer des Kaisers Hirohito, General Yamashita Tomoyuki. Und dann erklärte er, wenn der Maßstab von Nürnberg und Manila allgemein angewendet würde und dies auch für amerikanische Staatsmänner und Beamte gälte, die den Vietnamkrieg ersonnen hätten, dann bestünde »die sehr hohe Wahrscheinlichkeit, daß sie das gleiche Ende nähmen wie er [Yamashita Tomoyuki]«. Es geschieht nicht alle Tage, daß ein hochrangiger amerikanischer Soldat und Jurist sagt, einem Großteil der politischen Klasse seines Landes solle man eine Kapuze über den Kopf stülpen, die Augen verbinden und sie mit einem Strick um den Hals durch eine Falltür stürzen lassen.

In seinem Buch *Nuremberg and Vietnam* (deutsch: *Nürnberg und Vietnam*) nahm General Taylor einen der möglichen Einwände gegen diesen rechtlichen und moralischen Schluß vorweg. Man könnte zur Verteidigung argumentieren, daß die Beschuldigten nicht wußten, was sie taten; anders gesagt, sie hätten zwar fürchterliche Ergebnisse erzielt, dies aber aus höchst ehrenwerten und unschuldigen Motiven. Die Vorstellung von Indochina als einer Art Morast unwissentlich verstrickter Armeen nach Art von Joseph Conrads *Herz der Finsternis* ist damals wie heute immer und immer wieder vertreten worden, um eine solche Untertreibung plausibel werden zu lassen. Taylor hat keine Geduld mit solchen Thesen. Das amerikanische Militär, der Geheimdienst und die Macher in Wirtschaft und Politik seien viel zu lange in Vietnam verstrickt gewesen, schreibt er, um irgendeine ihrer Handlungen auf »mangelnde Informationen« zurückführen zu dürfen. Vielleicht wäre es für Soldaten und Diplomaten möglich gewesen, sich bis Mitte der sechziger Jahre als unwissend hinzustellen. Doch danach konnte niemand ernsthaft behaupten, nichts gewußt zu haben, vor allem nicht nach dem Massaker von My Lai am 16. März 1968, als Veteranen ihren Vorgesetzten von Greueltaten größeren Ausmaßes berichteten. Falls es doch einige Unwissende gab, so waren die am wenigsten Glaubwürdigen darunter jene, die fern vom Schlachtgetümmel die umfassenden Kriegsberichte, die nach Washington übermittelt wurden, lasen, besprachen und absegneten.

General Taylors Buch wurde geschrieben, als ein Großteil der verwerflichsten Ereignisse in Indochina geschah oder erst noch geschehen sollte. Er konnte zum Beispiel noch nichts wissen von der Intensität und dem Ausmaß der Bombardierungen von Laos und Kambodscha. Doch war ihm genug über die Kriegführung und das bestehende Muster gesetzlicher und verbrecherischer Verantwortlichkeit bekannt, um daraus einige unwiderlegbare Schlüsse zu ziehen. Der erste betrifft die besondere Verpflichtung der Vereinigten Staaten, sich der in Nürnberg gewonnenen Prinzipien bewußt zu sein und sie zu achten:

> »Die Urteile von Militärgerichten oder -kommissionen vor Nürnberg waren gewöhnlich sehr bündig und ohne Bezug auf zugrunde gelegte Rechtsansichten und -interpretationen verhängt worden. Im Gegensatz dazu beruhen alle in Nürnberg und Tokio gefällten Urteile auf einer umfassenden Auseinandersetzung mit den rechtlichen und faktischen Gegebenheiten und auf einer sorgfältig geführten Beweisaufnahme; insofern waren die Prozesse in etwa an der Verfahrensweise von Berufungsgerichten ausgerichtet. Es ist überflüssig, zu erwähnen, daß nicht alle Urteile gleich stichhaltig und wohlbegründet waren. An vielen Stellen zeigten sich die logischen Mängel des Kompromisses, wie sie für die Rechtsauslegung vielköpfiger Tribunale typisch sind. Aber die Prozesse waren juristisch sehr viel ausgewogener und hatten sehr viel stärker den Charakter eines professionellen Verfahrens, als dies normalerweise für die Rechtsprechung von Militärgerichtshöfen zutraf. Die Verhandlungsprotokolle und die Urteile und Urteilsbegründungen der Prozesse von Nürnberg und Tokio bildeten die dringend benötigte allgemeine Grundlage für einen Apparat völkerrechtlicher Strafrechtsbestimmungen, die aus richterlichen Entscheidungen hervorgingen. Die Ergebnisse der Verhandlungen in Nürnberg wurden den damals gerade erst entstandenen Vereinten Nationen vorgelegt, und am 11. Dezember 1946 nahm die UNO-Vollversammlung eine Resolution an, in der die Grundsätze des Völker-

rechts nach dem Londoner Statut und dem Nürnberger Urteil bestätigt wurden.

Es bleibt abzuwarten, wie der Wert der Kriegsverbrecherprozesse von der Geschichtsschreibung letztlich beurteilt wird. Die Meinung darüber, ob es klug oder unklug war, Prozesse dieser Art zu führen, gehen auseinander. Eine Tatsache bleibt jedoch unbestreitbar: Bei Beendigung der Prozesse hatte sich die Regierung der Vereinigten Staaten den Satzungen und Urteilen der Tribunale rechtlich, politisch und moralisch verpflichtet. Auf Empfehlung des Außenministeriums, des Kriegsministeriums und des Justizministeriums billigte der Präsident der Vereinigten Staaten die Pläne zur Verfolgung der Kriegsverbrecher. Etwa dreißig amerikanische Richter, die von Massachusetts bis Oregon und von Minnesota bis Georgia von ihren Ämtern bei den Berufungsgerichten der Einzelstaaten beurlaubt worden waren, führten die Prozesse in Nürnberg und faßten die jeweiligen juristischen Stellungnahmen ab. Im Auftrag der *Far Eastern Commission* organisierte General Douglas MacArthur das Tribunal von Tokio und bestätigte die dort gefällten Urteile. In seiner Eigenschaft als höchster amerikanischer Offizier im Fernen Osten gab MacArthur auch den Befehl zu dem Prozeß gegen Yamashita und zu ähnlichen Verfahren. Die Delegation der Vereinigten Staaten bei der UNO legte die Resolution vor, nach der die Vollversammlung die Nürnberger Grundsätze bestätigte.

Die moralische Integrität der Vereinigten Staaten von Amerika kann also nur im Zusammenhang mit diesen Prinzipien hinterfragt werden. Heute stellt sich das Problem ihrer Anwendbarkeit auf die amerikanische Kriegführung in Vietnam, und es bleibt zu ermitteln, ob die Regierung der Vereinigten Staaten von Amerika der konsequenten Anwendung der Nürnberger Grundsätze gefaßt entgegensehen kann.«

Vor dem Hintergrund dieser Schlußfolgerungen läßt sich General Taylor auf eine Auseinandersetzung mit einem anderen amerikanischen Offizier ein, Oberst William Corson, der geschrieben hatte:

»Ungeachtet der endgültigen Ergebnisse der Kriegsgerichtsprozesse wegen My Lay und ungeachtet anderer strafrechtlicher Schritte bleibt die Tatsache bestehen, daß die amerikanische Beurteilung einer effektiven Kriegführung von Anfang bis Ende fehlerhaft war und daß die angeblichen oder tatsächlichen Grausamkeiten nicht das Resultat kriminellen Verhaltens, sondern ebendieser Fehleinschätzung sind.«

Taylor entgegnet darauf:

»Oberst Corson übersieht meiner Meinung nach in dieser Darstellung, daß das Verbrechen des fahrlässigen Totschlags in den meisten Fällen eher auf einem Fehlurteil als auf böser Absicht beruht. Vielleicht hat er im formaljuristischen Sinn recht, denn hätte es keine Fehler in der Beurteilung der Lage gegeben, wären auch die Grundlagen kriminellen Verhaltens entfallen. Im letzten Krieg erlaubten sich die Deutschen im besetzten Europa ungeheuerliche Fehler in der Beurteilung der Situation, die zweifellos die Bedingungen für Gemetzel wie das an den Einwohnern des griechischen Dorfs

> Klissura schufen, doch verlieren die Morde durch diese Fehleinschätzungen der Lage nichts von ihrem verbrecherischen Charakter.«

Dann untersucht Taylor diese Frage mit Blick auf die Befehlskette im Feld und bemerkt, daß alle hochrangigen Kommandeure

> »mehr oder weniger ständig in Vietnam [waren], und durch die ausgezeichnete Ausrüstung mit Hubschraubern und anderen Flugzeugen verfügten sie über einen Grad an Mobilität, wie er in früheren Kriegen noch nie dagewesen war. Folglich hätten sie jede Möglichkeit gehabt, den Verlauf und die Auswirkungen der Kampfhandlungen ständig und eingehend zu verfolgen. Das funktionierte im allgemeinen äußerst schnell und präzise, so daß Informationen und Befehle ohne Verzögerungen ihre Adressaten erreichten.
>
> Diese Verhältnisse klarer Übersicht und überragender technischer Ausrüstung stehen in scharfem Kontrast zu der Situation, mit der sich in den Jahren 1944 und 1945 General Yamashita konfrontiert sah, als seine Truppen ungeordnet und überstürzt vor der anrückenden amerikanischen Übermacht zurückwichen. Für das Versäumnis, seine Truppen nicht unter Kontrolle gehalten und ihre Grausamkeiten nicht verhindert zu haben, befanden ihn die Brigadegenerale Egbert F. Bullene und Morris Handwerk sowie die Generalmajore James A. Lester, Leo Donovan und Russel B. Reynolds der Verletzung des Kriegsrechts für schuldig und verurteilten ihn zum Tode durch den Strang«.

General Taylor übersieht auch nicht, daß es von zentraler Bedeutung ist, wie die Verbindung zwischen der Militärführung und ihrer politischen Kontrolle aussieht; die Kommunikation zwischen der politischen Führung in den USA und der Militärführung in Vietnam war erheblich enger und arbeitete schneller als zwischen der politischen Führung in Tokio und den japanischen Truppen auf den Philippinen im Zweiten Weltkrieg. Das läßt sich unter anderem am regelmäßigen Kontakt zwischen General Creighton Abrams und Henry Kissinger zeigen:

> »Wieweit der Präsident und seine engsten Berater im Weißen Haus, im Pentagon und im *Foggy Bottom* über das tatsächliche Ausmaß und die Gründe der schweren Verluste unter der Zivilbevölkerung und über die materielle Zerstörung der ländlichen Gegenden Vietnams informiert waren, läßt sich nur vermuten. Ganz sicher wußte man etwas, denn der verstorbene John McNaughton, der damalige stellvertretende Verteidigungsminister, ließ 1967 nach Besprechungen im Weißen Haus verlauten: ›Es scheint, als kämen wir langsam zu der Annahme, daß der einzige Weg zur Ausradierung der Vietcong die Zerstörung aller Wohnanlagen, die Entlaubung sämtlicher Urwälder und die anschließende Asphaltierung der gesamten Oberfläche Südvietnams ist.‹«

Diese Bemerkung wurde weitergegeben (von Townsend Hooper, einem politischen Gegner General Taylors), noch bevor diese Methode auf zwei weitere Länder, Laos und Kambodscha, angewendet werden sollte, ohne daß es eine Kriegserklärung, eine Benachrichtigung des Kongresses oder eine Warnung an die Zivilisten gegeben hätte. Doch Taylor nimmt den Fall Kissinger in vielerlei Hinsicht vorweg, wenn er den Prozeß gegen den japanischen Minister Koki Hirota ins Gedächtnis ruft,

> »der zwischen 1933 und Mai 1938 kurz Premier und mehrere Jahre lang Außenminister gewesen war und danach keinerlei offizielles Amt mehr bekleidet hatte. Als im Winter 1937/38 die Stadt Nanking von japanischen Truppen verwüstet wurde, war Hirota Außenminister. Es wurde ihm frühzeitig von den in Nanking verübten Greueltaten berichtet, und er setzte sich mit dem Kriegsministerium in Verbindung, und ihm wurde zugesichert, daß dem Terror ein Ende gemacht werde. Dennoch nahmen die Ereignisse in Nanking unverändert ihren Lauf. Das Tribunal von Tokio sprach Hirota schuldig, weil ›er seine Pflicht vernachlässigt hat, indem er vor dem Kabinett nicht darauf bestanden hat, daß sofort Maßnahmen ergriffen werden, die geeignet gewesen wären, der Verwüstung ein Ende zu bereiten‹, und weil ›er sich damit zufriedengegeben hat, Zusicherungen zu erhalten, von denen er wußte, daß sich niemand nach ihnen richtet‹. Diese Argumentation und der Nachweis aggressiver kriegerischer Akte wurden dem Urteil gegen Hirota zugrunde gelegt; das Urteil lautete auf Tod durch den Strang.«

Melvin Laird, Verteidigungsminister unter der ersten Regierung Nixon, hatte schon bei den ersten Bombardierungen Kambodschas seine Bedenken, und er hegte solche Zweifel an der Rechtmäßigkeit und der Vernünftigkeit des Eingreifens, daß er den Vereinten Stabschefs ein Memorandum schickte und fragte: »Sind dauerhafte Schritte unternommen worden, um das Risiko zu verringern, die kambodschanische Bevölkerung und die Infrastruktur zu treffen? Wenn ja, welche? Sind wir einigermaßen sicher, daß diese Schritte wirksam sind?« Es gibt keinerlei Hinweis darauf, daß Henry Kissinger als Nationaler Sicherheitsberater oder Außenminister jemals auch nur um derart bescheidene Versicherungen gebeten hat. Statt dessen gibt es viele Hinweise darauf, daß er den Kongreß getäuscht hat über das wahre Ausmaß der absichtlichen Falschheit derartiger Versicherungen. Andere Beteiligte, darunter Robert McNamara, McGeorge Bundy, Nationaler Sicherheitsberater unter Kennedy und Johnson, und William Colby, haben seitdem eine Reihe von Entschuldigungen, von Reuebekenntnissen oder zumindest von Erklärungsversuchen geliefert. Und Henry Kissinger? Fehlanzeige.

General Taylor bezeichnet die Praxis der Luftangriffe auf Dörfer, von denen man annahm, sie »beherbergten« vietnamesische Guerilleros, als »flagrante Verletzungen der Genfer Konventionen zum Schutz der Zivilbevölkerung, die ›Kollektivstrafen‹ und ›Vergeltungsmaßnahmen gegen geschützte Personen‹ verbieten, ebenso wie eine Verletzung der Regeln der Landkriegsordnung [gemeint sind die Haager Landkriegsordnung von 1907 und die sie ergänzenden Genfer Vereinbarungen von 1949; A. d. Ü.].« Er schrieb das, bevor dieser abscheuliche Präzedenzfall Schule machte und auf Vergeltungsangriffe ausgedehnt wurde, bei denen zwei unabhängige Staaten, Laos und Kambodscha, so behandelt wurden, als handelte es sich um Dörfer.

Henry Kissinger, der den prahlerischen Behauptungen der Kriegsmacher von Anfang an nicht sonderlich traute, trägt ein hohes Maß an Verantwortung. Er hatte nicht nur guten Grund anzunehmen, daß die Kommandanten ihre Erfolge überzeichneten und alle Toten als tote Feinde reklamierten – nach dem Frühling 1968 eine allgemein verbreitete Kenntnis –, er wußte auch, daß der wesentliche Grund für den Krieg schon vor seinem Amtsantritt als Nationaler Sicherheitsberater politisch und diplomatisch hinsichtlich aller Absichten und Ziele festgelegt worden war. Er mußte also wissen, daß jedes weitere Opfer auf beiden Seiten auch ein vermeidbares Opfer war. In diesem Wissen und mit einem starken Sinn für den persönlichen innenpolitischen Profit drängte er darauf, den Krieg auf zwei neutrale Länder auszuweiten – womit er gegen internationales Recht verstieß –, während er weiter darauf bestand, in Vietnam selbst einen Zermürbungskrieg auf atemberaubend hohem Niveau zu führen.

Aus einer Überfülle möglicher Beispiele habe ich jene Fälle ausgewählt, die Kissinger direkt betreffen und bei denen ich persönlich mit überlebenden Augenzeugen sprechen konnte. Das erste Beispiel ist die *Operation Speedy Express.*

Mein Freund und Kollege Kevin Buckley, damals vielbewunderter Korrespondent und Leiter des *Newsweek*-Büros in Saigon, entwickelte ein gewisses Interesse für die »Befriedungs«-Aktion, die diesen lustigen Codenamen trug. Erdacht in den letzten Tagen der Regierung Johnson–Humphrey, wurde sie in den ersten sechs Monaten des Jahres 1969 umgesetzt, als Henry Kissinger ein gewichtiges Wort bei der Kriegführung mitzureden hatte. Ziel war es, im Namen der Regierung Thieu die turbulente Mekongprovinz Kien Hoa zu »befrieden«.

Am 22. Januar 1968 hatte Robert McNamara dem Senat berichtet, daß »keine regulären nordvietnamesischen Verbände« im Mekongdelta stationiert seien und daß es keinerlei Dokumente des militärischen Geheimdienstes gebe, die diese Behauptung widerlegten; die Säuberung des Gebiets Kien Hoa kann also nicht, wie in solchen Fällen üblich, dadurch erklärt werden, man habe Hanois stets wachem Willen zum Sieg Widerstand leisten müssen. Der erklärte Grund für die Säuberung durch die 9. Division bestand darin, viele tausend Dorfbewohner von der politischen Kontrolle durch die Nationale Befreiungsfront (NLF) beziehungsweise den Vietcong zu befreien. Buckley fand heraus, was *Newsweek* relativ spät, nämlich am 19. Juni 1972, teilweise enthüllte:

> »Alle Beweise, die ich sammelte, führten zu einem klaren Schluß: Eine schwindelerregende Zahl von unbeteiligten Zivilisten – einem Offiziellen zufolge möglicherweise bis zu 5000 – kam ums Leben durch amerikanische Kampfeinsätze, die durchgeführt wurden, um Kien Hoa zu ›befrieden‹. Im Vergleich dazu wirkt die Zahl der Toten des My-Lai-Massakers geradezu belanglos. (...)
>
> Die 9. Division zog mit allem, was sie hatte, in diese Operation. 8000 Infanteristen durchkämmten die dichtbevölkerte Gegend, doch kam es nur selten zu Kontakt mit dem flüchtigen Feind. Um ihre Befriedung durchzusetzen, stützte sich die Division besonders auf fünfzig Artilleriegeschütze, auf fünfzig Hubschrauber (von denen die meisten mit Raketen und Kleinkanonen bestückt waren) und auf tödliche Luftunterstützung. Während *Speedy Express* gab es 3381 taktische Luftangriffe durch Kampfbomber. (...)
>
> ›Der Tod ist unser Geschäft, und das Geschäft läuft gut‹, lautete die Parole in einem Quartier der Helikopterstaffel während der Operation. Das kann man bestätigen. Die Gesamtzahlen für *Speedy Express* zeigen, daß 10 899 ›Feinde‹ getötet wurden. Allein im März wurden ›über 3000 feindliche Soldaten getötet (...), die größte

Monatsrate für irgendeine amerikanische Division während des Vietnamkrieges‹, verkündete das offizielle Magazin der Division. Auf die Frage, woher die ungeheuren Zahlen stammten, erläuterte ein hochrangiger Offizier der Division, daß die Helikopterschützen häufig unbewaffnete ›Feinde‹ auf offenem Feld stellen konnten. (...)

Es gibt überwältigende Hinweise darauf, daß nahezu der gesamte Vietcong gut bewaffnet war. Einfache Zivilisten waren natürlich nicht bewaffnet. Die enorme Diskrepanz zwischen der Gesamtzahl an Toten (11 000) und der Zahl an erbeuteten Waffen (748) ist nur schwer zu erklären, es sei denn, man zieht die Schlußfolgerung, daß viele Opfer unbewaffnete, unschuldige Zivilisten waren. (...)

Die Menschen, die noch im befriedeten Kien Hoa leben, haben alle lebhafte Erinnerungen an die Zerstörung, die die amerikanische Feuerkraft zu Beginn des Jahres 1969 brachte. Nahezu jeder, mit dem ich sprach, hat in irgendeiner Weise darunter gelitten. ›In unserem Dorf gab es vor 1969 5000 Einwohner‹, erzählte mir ein Dorfältester. ›Nach 1970 war niemand mehr hier. Die Amerikaner haben alle Häuser mit Artillerie und Luftangriffen zerstört oder sie mit Feuerzeugen angezündet. Etwa hundert Menschen sind bei Bombenangriffen ums Leben gekommen, andere wurden verletzt oder sind geflohen. Viele Kinder sind an den Druckwellen der Bomben gestorben, denen ihre kleinen Körper nichts entgegensetzen konnten, auch wenn sie sich im Boden versteckten.‹

Andere staatliche Funktionäre, darunter der Polizeichef des Dorfes, bestätigen die Aussage des Mannes. Ich

> konnte natürlich nicht in jedes Dorf gehen. Doch überall, wohin ich kam, klangen die Aussagen stets gleich: 100 Tote hier, 200 dort.«

Andere Berichte von Buckley und seinem Freund und Mitstreiter Alex Shimkin (ein Mitarbeiter der *International Voluntary Services*, der später in diesem Krieg ums Leben kam) enthüllten genauso verräterische Beweise in Krankenhausstatistiken. Im März 1969 meldete das Krankenhaus in Ben Tre, daß 343 Patienten durch »freundlichen Beschuß« verletzt worden waren, aber nur 25 durch den »Feind« – eine erstaunliche Auskunft für eine Regierungsstelle in einem Guerillakrieg, in dem schon der Verdacht auf Mitgliedschaft im Vietcong den Tod bedeuten konnte. Buckleys Schätzung für sein Magazin von »vielleicht bis zu 5000« Toten unter der Zivilbevölkerung allein bei dieser Aktion ist eine womöglich absichtliche Untertreibung dessen, was er von offizieller amerikanischer Seite erfahren hatte. Da war von »*mindestens* 5000« Toten die Rede, »die wir als Unbeteiligte einstufen« – eine nicht allzu genaue Unterscheidung, wie wir sie bereits kennen; auch dieser Umstand war damals schon bekannt (Hervorhebung durch den Autor). Und zwar nicht nur jenen, die gegen den Krieg waren, sondern auch jenen, die ihn führten. Wie Buckley von offizieller Seite erfuhr, waren die

> »Taten der 9. Division, die zu Opfern unter der Zivilbevölkerung führten, schlimmer [als in My Lai]. Der Umfang dessen, was die Division anrichtete, war erschütternd. Insgesamt waren die Greuel schlimmer als in My Lai. Doch bei der 9. Division kamen die Zahlen über Zivilopfer nur nach und nach herein, und sie erstreckten sich über einen langen Zeitraum. Und die

> meisten davon ergaben sich aus Luft- oder Nachtangriffen. Zudem waren sie durch das Beharren des Kommandos auf möglichst hohe Feindopfer sanktioniert. (...) Das Ganze war das unausweichliche Ergebnis der Führungsgrundsätze der Einheit.«

Auch bei der vorausgegangenen *Operation Wheeler Wallawa*, in deren Rahmen My Lai ausradiert worden war, wurden alle Leichen als feindliche Soldaten gezählt, auch die Zivilbevölkerung des Dorfes, die mir nichts, dir nichts der unvorstellbaren Gesamtzahl von 10 000 Toten zugeschlagen wurde.

Als Buckley und Shimkin diese Zahlen sahen, verzichteten sie auf den üblichen nachlässigen Umgang damit und ersetzten ihn in einem Telegramm an die Redaktion von *Newsweek* in New York durch aussagekräftigere und genauere Angaben. Das Problem bestand nicht im »wahllosen Einsatz von Feuerkraft«, sondern in »der Anweisung nach deren *gezieltem* Einsatz – als grundsätzliche Vorgehensweise in dichtbesiedelten Gebieten«. Schon das erstere stellt eine massive Verletzung der Genfer Konvention dar; das zweite aber führt direkt auf die Anklagebank von Nürnberg oder Den Haag.

Da General Creighton Abrams die 9. Division öffentlich für ihre Arbeit lobte und bei jeder passenden Gelegenheit die Aufmerksamkeit auf den ungeheuren Erfolg der *Operation Speedy Express* lenkte, können wir sicher sein, daß die politische Führung in Washington davon Kenntnis hatte. Tatsächlich verbietet das Ausmaß an peinlich genauer Buchführung in Kissingers Memoiren die Vorstellung, daß überhaupt irgend etwas von Bedeutung ohne sein Wissen oder seine Zustimmung hätte stattfinden können.

Bei keinem anderen Ereignis trifft dies mehr zu als bei der Bombardierung der neutralen Länder Kambodscha und Laos.

Besessen von der Vorstellung, daß die vietnamesische Standhaftigkeit auf die Hilfe von Verbündeten oder auf Quellen außerhalb von Vietnam zurückzuführen sei und durch eine Taktik der Massenvernichtung zu brechen wäre, schlug Kissinger einmal sogar vor, Atomwaffen einzusetzen, um die Eisenbahnverbindung zwischen Nordvietnam und China zu vernichten. Ein anderes Mal dachte er darüber nach, die Deiche des nordvietnamesischen Bewässerungssystems zu bombardieren, damit das Land überschwemmt würde. Keine dieser Maßnahmen (die in Tad Szulc' *The Illusion of Peace*, einer Geschichte der Nixon-Diplomatie, wie auch von Kissingers früherem Berater Roger Morris erwähnt werden) wurde durchgeführt, was zwar einige mögliche Kriegsverbrechen von unserer Anklageliste streicht, aber zumindest ein Indiz für die damals vorherrschende Mentalität ist. Bleiben noch Kambodscha und Laos, die angeblich nordvietnamesische Versorgungslinien beherbergten oder schützten.

Wie schon die Fälle, die General Telford Taylor unterstellte, zeigen, gibt es das Verbrechen des Aggressionskriegs und außerdem die Frage nach eventuellen Kriegsverbrechen. (Der oben erwähnte Fall Koki Hirota ist hier von Bedeutung.) In der Zeit nach dem Zweiten Weltkrieg oder zumindest in der Periode, die von der Charta der Vereinten Nationen und den damit zusammenhängenden Konferenzen beherrscht wurde, hatten die USA, gleich ob unter demokratischer oder republikanischer Regierung, selbst ihren engsten Verbündeten das Recht verweigert, Staaten zu besetzen, die ihren Feinden angeblich Schutz boten. Berühmtestes Beispiel dafür ist, wie Präsident Eisenhower wirtschaftlichen und diplomatischen Druck auf höchster Ebene ausübte, um die Besetzung Ägyptens durch England, Frankreich und Israel im Oktober 1956 zu beenden. (Die Briten fanden, daß der ägyptische Präsident Gamal Abdel

Nasser keineswegs »ihren« Suezkanal kontrollieren dürfe; die Franzosen glaubten, daß Nasser Urheber der Unruhen in Algerien sei; die Israelis behaupteten, er spiele die gleiche Rolle bei ihren Schwierigkeiten mit den Palästinensern. Die Vereinigten Staaten stellten fest, daß selbst dann, wenn diese Propagandaphantasien sich als wahr herausstellen sollten, dies nicht nachträglich die Invasion Ägyptens rechtfertige.) Während des algerischen Unabhängigkeitskriegs hatten die Vereinigten Staaten genauso Frankreichs Anspruch abgelehnt, eine Stadt im benachbarten Tunesien anzugreifen, die algerische Guerilleros beherbergte, und 1964 hatte der Botschafter Adlai Stevenson vor den Vereinten Nationen Großbritannien dafür angeklagt, eine Stadt im Jemen angegriffen zu haben, die angeblich als Rückzugsort für Rebellen diente, die in der damaligen Kolonie Aden operierten.

All diese Gesetze und Präzedenzfälle wurden über den Haufen geworfen, als Nixon und Kissinger sich entschieden, die Taktik der »gnadenlosen Verfolgung« nach Laos und Kambodscha auszuweiten. Noch bevor Bodentruppen in Kambodscha eindrangen und schon kurz nachdem Nixon und Kissinger die Macht übernommen hatten, wurde insgeheim ein Programm für die schwere Bombardierung Kambodschas vorbereitet und durchgeführt. Man könnte das Ganze mit einiger Abscheu ein »Bombenmenü«* nennen, denn die Codenamen der Einsätze lauteten *Breakfast*, *Lunch*, *Snack*, *Dinner* und *Dessert*. Die Angriffe wurden von B-52-Bombern geflogen, die, und das ist ein wichtiger Punkt, zu hoch fliegen, um vom Boden aus bemerkt zu werden, und die ungeheure Bombenlasten tragen; die B-52 geben keinerlei Vorwarnung ab, und sie können weder

* Die Operation lief unter dem Decknamen *Menu*; A. d. Ü.

zielgenaue noch kontrollierte Einsätze fliegen. Zwischen März 1969 und Mai 1970 wurden 3630 solcher Luftangriffe über die kambodschanische Grenze hinweg geflogen. Dieser Bombeneinsatz begann so, wie er auch fortgesetzt wurde – im vollen Wissen um die Wirkungen auf die Zivilbevölkerung und mit Mr. Kissingers flagranter Täuschung genau in diesem Punkt.

So findet sich in einem Memorandum der Vereinten Stabschefs an das Verteidigungsministerium und das Weiße Haus der eindeutige Vermerk, daß »im Lauf der Operation mit einigen kambodschanischen Opfern zu rechnen ist« und daß »der Überraschungseffekt des Angriffs zur Erhöhung der Verluste führen könnte«. Im Zielgebiet von *Breakfast* (*Base Area 353*), so das Memo, wohnten 1640 kambodschanische Zivilisten, von *Lunch* (*Base Area 609*) 198, von *Snack* (*Base Area 351*) 383, von *Dinner* (*Base Area 352*) 770 und von *Dessert* (*Base Area 350*) etwa 120 kambodschanische Bauern. Diese erstaunlich genauen Angaben genügen schon, um zu beweisen, daß Kissinger gelogen haben muß, als er später vor dem Senatsausschuß für auswärtige Angelegenheiten aussagte, daß die kambodschanischen Landstriche, die für die Bombardierungen ausgewählt wurden, »unbewohnt« gewesen seien.

Als Ergebnis der ausgeweiteten und intensivierten Bombardierungen, so die offiziellen Schätzungen, verloren in Laos bis zu 350 000 und in Kambodscha bis zu 600 000 Zivilisten ihr Leben. (Dies sind nicht die höchsten Schätzungen.) Die Flüchtlingszahlen sind um ein Mehrfaches höher. Dazu kommt der großflächige Einsatz von giftigen chemischen Entlaubungsmitteln, die die Gesundheit der Betroffenen massiv schädigten. Die Opfer waren natürlich vor allem Kinder, stillende Mütter, ältere Menschen und Kranke. Ihr Leid hält bis heute an.

Zwar können und müssen dieser grausame Krieg und seine entsetzlichen Folgen als moralische und politische Krise der amerikanischen Institutionen, von mindestens fünf amerikanischen Präsidentschaften und der amerikanischen Gesellschaft insgesamt angesehen werden. Aber es bereitet nur geringe Mühe aufzuzeigen, wer während des grauenhaftesten Abschnitts persönlich verantwortlich war. Als Oberkommandierender trägt Richard Nixon die letzte Verantwortung, und er entging nur knapp einem Kongreßantrag, der seine Verbrechen und Täuschungsmanöver in Sachen Indochina zum weiteren Gegenstand seiner Amtsenthebung machen wollte, deren Ankündigung schließlich zu seinem Rücktritt führte. Doch Henry Kissinger, sein Stellvertreter und engster Berater, war einige Male gezwungen und zwang sich manchmal selbst, faktisch die Stellung eines Kopräsidenten einzunehmen, wenn es um Indochina ging.

So fand sich Kissinger 1970, während der Vorbereitungen zur Invasion Kambodschas, in der Zwickmühle zwischen den Ansichten der Mitarbeiter seines Stabs – von denen einige nach Beginn der Invasion aus Protest zurücktraten – und seinem Bedürfnis, dem Präsidenten zu gefallen. Nixon hörte eher auf seine beiden kriminellen Verbündeten – John Mitchell und Bebe Rebozo – als auf seine Außen- und Verteidigungsminister William Rogers und Melvin Laird, die beide einer Ausweitung des Kriegs sehr skeptisch gegenüberstanden. Bei einer besonders charmanten Gelegenheit rief Nixon im Suff Kissinger an, um über die Invasionspläne zu sprechen. Dann reichte er den Hörer an Bebe Rebozo weiter. »Der Präsident läßt dich wissen, Henry, wenn das nicht klappt, geht es um deinen Arsch.« »Stimmt's nicht, Bebe?«, nuschelte der Oberkommandierende. (Die Unterhaltung wurde von William Watts, einem Mitarbeiter in Kissingers Stab, mitgeschnitten und abgeschrieben; er kündigte bald darauf.*) Man könnte behaupten, daß der Nationale Sicherheitsberater in diesem Fall unter ziemlichem Druck stand; dennoch schlug er sich auf die Seite der Invasionsbefürworter und sprach sich, den Memoiren von General William Westmoreland zufolge, dafür aus, mit der Invasion zu beginnen.

Ein etwas grelleres Bild zeichnet der ehemalige Stabschef H. R. Haldeman in seinen Tagebüchern. Am 22. Dezember 1970 schreibt er:

> »Henry kam mit dem Wunsch zu mir, sich heute zusammen mit Al Haig mit dem P zu treffen und morgen dann mit Laird und Moorer, weil er den P braucht, um Laird und das Militär zu zwingen, mit den Plänen des P fortzufahren, die sie ohne direkten Befehl nicht mittragen. Die fraglichen Pläne umfaßten (...) Angriffe auf feindliche Kräfte in Laos.«

In seinen Memoiren behauptet Kissinger, daß er die übliche Befehlskette an sich gerissen habe, nach der die Truppenführer ihre Befehle direkt vom Präsidenten erhalten oder zu erhalten glauben und danach erst der Verteidigungsminister. Er prahlt damit, daß er zusammen mit Haldeman, Alexander Haig und Oberst Ray Sitton – dem führenden Experten in der Taktik der B-52-Einsätze bei den Vereinten Stabschefs – einen »militärischen und diplomatischen Terminplan« für das Bombarde-

* Die Journalisten Bob Woodward und Carl Bernstein, die den Watergate-Skandal aufdeckten, berichten, daß Watts in einen Streit mit General Alexander Haig geriet, der ihm sagte: »Sie haben einen Befehl vom Oberkommandierenden. Sie können nicht zurücktreten.« Watts erwiderte: »Du kannst mich mal, Al. Ich hab's gerade getan.«

ment Kambodschas entwickelt habe. An Bord der *Air Force One*, die am 24. Februar 1969 auf dem Rollfeld des Flughafens in Brüssel stand, »arbeiteten wir die Richtlinien für die Bombardierung der feindlichen Zufluchtsräume aus«. Ein paar Wochen später findet sich für den 17. März in Haldemans Tagebüchern der Vermerk:

> »Historischer Tag. K[issinger]s ›Operation Breakfast‹ begann endlich um 14 Uhr unserer Zeit. K ganz aufgeregt, ebenso der P.«

Der Eintrag am folgenden Tag:

> »Ks ›Operation Breakfast‹ ein großer Erfolg. Er kam strahlend mit dem Bericht herein, sehr produktiv.«

Es wird noch besser. Am 22. April 1970 berichtet Haldeman, daß Nixon, der Kissinger in eine Sitzung des Nationalen Sicherheitsrats zu Kambodscha begleitete, »mit einem breiten Grinsen auf dem Gesicht zu mir zurückkam und meinte: ›K hat heute wirklich Spaß, er spielt Bismarck‹«.

Letzteres ist eine Beleidigung des Eisernen Kanzlers. Als Kissinger sich schließlich vor dem Kongreß und der Presse wegen der nicht genehmigten Bombenangriffe erklären mußte, schützte er vor, daß die Angriffe eigentlich doch gar nicht so geheim gewesen seien, da Prinz Sihanouk von Kambodscha davon gewußt habe. Er mußte daran erinnert werden, daß ein ausländisches Prinzlein es einem amerikanischen Staatsbeamten durchaus nicht erlauben kann, die Verfassung der Vereinigten Staaten zu verletzen. Ebensowenig kann er einem amerikanischen Staatsbeamten erlauben, eine große Zahl seiner Untertanen niederzumetzeln. Schwer vorstellbar, daß sich Bismarck hinter einer derart verachtenswerten Ausrede versteckt hätte. (Prinz Sihanouk, so bleibt zu erwähnen, wurde später zu einer beklagenswerten Marionette der Roten Khmer.)

Oberst Sitton fiel allmählich auf, daß gegen Ende 1969 sein Büro in Fragen der Zielauswahl regelmäßig überstimmt wurde. »Nicht nur, daß Henry die Angriffe sorgfältig überwachte«, sagte Sitton, »er las auch die nicht ausgewerteten Geheimdienstberichte« und pfuschte am Einsatzplan und den Angriffszielen herum. Auch in anderen Abteilungen der Washingtoner Zentrale fiel auf, daß Kissinger sich zu einer Art Stachanow unter den Komiteemitgliedern entwickelte. Neben dem entscheidenden *40 Committee*, das alle im Ausland durchgeführten Geheimaktionen plante und überwachte, saß er noch der *Washington Special Action Group* (WSAG) vor, die sich mit Krisenintervention befaßte; dem *Verification Panel*, dem die Rüstungskontrolle oblag; der *Vietnam Special Studies Group*, die den täglichen Ablauf der Kriegführung überwachte, und dem *Defense Program Review Committee*, das den Haushalt des Verteidigungsministeriums kontrollierte.

Aus all dem wird deutlich, daß er unmöglich behaupten kann, er sei sich der Konsequenzen der Bombardierung von Kambodscha und Laos nicht bewußt gewesen; er wußte mehr und detaillierter Bescheid als jeder andere. Er war auch nicht Gefangener einer Kultur der Unterdrückung, die ihm keine Alternative, keine Gegenargumente gelassen hätte. Mehrere hochrangige Mitglieder seines Stabs, allen voran Anthony Lake und Roger Morris, traten wegen der Invasion Kambodschas zurück, und mehr als 200 Angestellte des Außenministeriums unterzeichneten ein Protestschreiben an Außenminister William Rogers. Tatsächlich waren sowohl Rogers als auch Verteidigungsminister Melvin Laird gegen die geheimen B-52-Bombardierungen, wie Kissinger mit ziemlicher Verachtung in seinen Memoiren vermerkt. Auch der Kongreß war (nachdem er beschlossen hatte, sich darüber unterrichten zu lassen) dagegen, die Bombenangriffe auszuweiten. Doch selbst nachdem die Regierung Nixon-Kissinger sich gegenüber dem Kapitol verpflichtet hatte, die Angriffe nicht zu intensivieren, wurde Kambodscha in den Monaten Juli und August 1973 um 21 Prozent stärker bombardiert. Die *Air Force*-Karten weisen die Zielgebiete als dichtbesiedelt oder ehemals dichtbesiedelt aus.

Zugegeben, Oberst Sitton erinnert sich daran, daß Kissinger darauf bestand, die Angriffe sollten Opfer unter der Zivilbevölkerung vermeiden. Sein ausdrückliches Motiv, dieses zu erbitten, bestand darin, Beschwerden der Regierung des Prinzen Sihanouk zu verhindern oder vorzubeugen. Dies beweist nur, daß Kissinger von der Möglichkeit wußte, es könne zivile Opfer geben. Wenn er schon genug wußte, um von dieser Möglichkeit auszugehen, selbst Regisseur der Politik war, die diese verursachte, und weder irgendwelche tatsächlichen Vorsichtsmaßnahmen durchsetzte, noch irgendwelche Übertretungen verfolgte, dann ist der Fall Henry Kissinger juristisch und moralisch komplett.

Schon im Herbst 1970 war ein unabhängiger Ermittler namens Fred Branfman, der Laotisch konnte und das Land kannte, nach Bangkok gereist und hatte Jerome Brown interviewt, einen ehemaligen Offizier der *Air Force*, der an den Vorbereitungen der Bombardierungen mitgewirkt hatte und nun in der US-Botschaft in der laotischen Hauptstadt Vientiane arbeitete. Der Mann war aus der *Air Force* ausgeschieden, weil er die Sinnlosigkeit der Bombardierungen erkannte und ihn die Schäden an der Zivilbevölkerung und der Infrastruktur bestürzten. Geschwindigkeit und Höhe der Flugzeuge, so sagte er, führten dazu, daß die Ziele aus der Luft praktisch nicht zu erkennen waren. Die Piloten wählten oft Dörfer als Ziele, weil sie leichter identifiziert werden konnten als angebliche Pathet-Lao-Guerilleros, die sich im Dschungel verbargen. Branfman, den ich im Sommer 2000 in San Francisco sprach, reichte diese und weitere Informationen an Henry Kamm und Sydney Schanberg von der *New York Times*, an Ted Koppel von ABC und viele andere weiter. Auf Druck der US-Botschaft hatten die laotischen Behörden Branfman in die Vereinigten Staaten ausgewiesen, was aus Sicht der USA möglicherweise ein Fehler war. Bei einer Anhörung, die Senator Edward Kennedys Unterausschuß für Flüchtlingsfragen (*Subcommittee on refugees*) am 22. April 1971 abhielt, hatte Branfman einen aufsehenerregenden Auftritt. Sein Gegenspieler war William Sullivan, der Bevollmächtigte des Außenministeriums, ein ehemaliger Botschafter in Laos. Branfman beschuldigte ihn vor laufender Kamera, Beihilfe zu leisten bei der Unterdrückung von Beweisen, daß die laotische Gesellschaft durch heftige Luftangriffe zerstört wurde.

Dies hatte unter anderem zur Konsequenz, daß der Kongreßabgeordnete Pete McCloskey aus Kalifornien Laos besuchte und sich die Kopie einer internen Studie der Botschaft über die Bombenangriffe beschaffte. Er veranlaßte außerdem die *US Air Force* dazu, ihm Luftaufnahmen der dramatischen Schäden zu überlassen. Botschafter Sullivan war über diese Bilder, von denen einige in Gebieten aufgenommen worden waren, die er persönlich kannte, so entsetzt, daß seine erste Reaktion darin bestand, sich Gewißheit darüber zu verschaffen, daß die Angriffe tatsächlich erst geflogen worden waren, nachdem er seinen Posten in Vientiane geräumt hatte. (Später erfuhr er, daß bei all seinen Bemühungen sein Telefon auf Henry Kissingers Anweisung abgehört wurde, nur eine der vielen Verletzungen amerikanischen Rechts, die im Verlauf des Watergate-Skandals ans Licht kamen, jenes Skandals, auf den sich

Kissinger später in einem unglaublichen Ausbruch von Eitelkeit, Täuschung und Selbsttäuschung als Alibi für die Verdunkelungsmanöver in der Zypernkrise 1974 berief.)

Nachdem er alles in seiner Macht stehende getan hatte, um den laotischen Alptraum jenen zur Kenntnis zu bringen, deren verfassungsmäßige Aufgabe darin bestand, solche Dinge zu kontrollieren, reiste Branfman nach Thailand und von dort nach Phnom Penh, der Hauptstadt Kambodschas. Nachdem er sich Zugang zu einem Funkgerät für Piloten verschafft hatte, schnitt er die Gespräche zwischen den Piloten mit, die auf Bombenmissionen über kambodschanischem Boden waren. In keinem einzigen Fall taten sie irgend etwas, um sich und andere zu versichern, daß sie keine zivilen Ziele angriffen. Namhafte Sprecher der US-Regierung hatten ausdrücklich versichert, daß solche Checks durchgeführt würden. Branfman gab die Bänder an Sydney Schanberg weiter, dessen Bericht in der *New York Times* erschien, kurz bevor der Senat zusammentraf, um weitere Blitzangriffe auf Kambodscha zu untersagen (eben jene Entschließung, die Kissinger einen Monat später mißachtete).

Von dort aus flog Branfman zurück nach Thailand und reiste nordwärts nach Nakhorn Phanom, dem neuen Hauptquartier der *US Seventh Air Force*. Dort wurden die Bombenangriffe in einer Kommandozentrale unter dem Kodenamen *Blue Chip* vorbereitet und durchgeführt. Branfman gab sich als neuer Rekrut aus Saigon aus und konnte sich sogar Zugang zur Zentrale verschaffen. Dort zeigten Kontrollpulte, Karten und Bildschirme den Fortschritt der Bombardierungen. Im Gespräch mit dem diensthabenden »Bombenoffizier« fragte Branfman, ob die Piloten sich jemals meldeten, bevor sie ihre ungeheure Bombenlast abwarfen. O ja, versicherte ihm der Offizier, das täten sie. Machten sie sich Sorgen, Unschuldige zu treffen? O nein, sie machten sich nur Gedanken über den Aufenthaltsort von CIA-Einsatzgruppen, die in die Gegend eingedrungen seien. Zu Branfmans Bericht, der sich in Jack Andersons zeitgleich in mehreren Zeitungen erschienenen Kolumne wiederfand, gab es keinerlei offizielles Dementi.

Einer der Gründe, warum das amerikanische Oberkommando in Südostasien schließlich die rohe und grausame Leichenzählerei aufgab, bestand darin, daß die Zahlen – wie im relativ unbedeutenden, aber besonderen Fall der *Operation Speedy Express* – langsam verdächtig wirkten, wenn man sie addierte. Manchmal war die Gesamtzahl der toten »Feinde« nach erneuter Überprüfung auffällig größer als die Zahl der toten »Feinde« auf dem Schlachtfeld. Doch der Krieg schleppte sich hin, und immer neue quantitative Ziele wurden gesteckt und durchgesetzt. So ergeben sich die folgenden vom Pentagon herausgegebenen Zahlen der Opfer zwischen dem ersten Bombenstopp durch Lyndon B. Johnson im März 1968 und dem Februar 1972:

Amerikaner: 31 205
Südvietnamesische Truppen: 86 101
»Feinde«: 475 609

Der Unterausschuß für Flüchtlingsfragen des Senats schätzte, daß im selben Vierjahreszeitraum mehr als drei Millionen Zivilisten ums Leben kamen, verletzt oder vertrieben wurden. In dieser Zeitspanne warfen die Vereinigten Staaten nahezu 4 500 000 Tonnen hochexplosiven Sprengstoffs auf Indochina ab. (Der Schätzwert des Pentagons für die im gesamten Zweiten Weltkrieg abgeworfene Menge beträgt 2 044 000 Tonnen.) Diese Menge umfaßt nicht den massiven Einsatz von chemischen Entlaubungsmitteln und Pestiziden, deren Wirkung sich in der Umwelt nach wie vor bemerkbar macht, und genausowenig Landminen, die bis zum heutigen Tag Opfern fordern.

Unklar ist, wie wir die Ermordung oder Entführung von 35 708 vietnamesischen Zivilisten durch das gegen die Guerilla gerichtete *Phoenix Program* der CIA in den ersten zweieinhalb Jahren der Nixon-Kissinger-Regierung verbuchen sollen. Vielleicht gibt es da gewisse »Überschneidungen«. In jedem Fall gab es Überschneidungen mit Handlungen früherer Regierungen. Doch die wirklich ungeheuerlichen Zahlen der Opfer kamen alle unter Henry Kissingers Oberaufsicht zustande. Er kannte die Zahlen, er verschwieg sie gegenüber dem Kongreß, der Presse und der Öffentlichkeit und leitete bürokratische und politische Rachefeldzüge ein, wenn nachgefragt wurde. Diese Zahlen waren zum Teil Ergebnis eines geheimen und illegalen Vorgangs in Washington, der selbst den meisten Kabinettsmitgliedern unbekannt war und von dem Henry Kissinger mit am meisten profitierte.

Zum Abschluß soll noch einmal H. R. Haldeman zu Wort kommen, der keinen Grund hatte zu lügen und zum Zeitpunkt der Niederschrift seine Gefängnisstrafe abgesessen hatte. Haldeman beschreibt den Augenblick in Florida, als Kissinger sich über einen Bericht in der *New York Times* aufregte, in dem ein Teil der Wahrheit über Indochina ans Licht kam:

> »An jenem Morgen im Mai, als der Bericht in der *Times* erschienen war, rief Henry von Key Biscayne aus J. Edgar Hoover in Washington an.
>
> Hoovers Memo zu dem Anruf zufolge sagte Henry, in der Story tauchten ›geheime Informationen, die ungeheuerlich schädlich sind‹, auf. Henry sagte weiter zu Hoover, er frage sich, ›ob ich nicht größere Anstren-

gungen unternehmen könnte herauszufinden, woher diese Informationen stammten (...), und alle mir zur Verfügung stehenden Ressourcen nutzen könnte, um denjenigen ausfindig zu machen, der das getan hatte. Ich sagte ihm, ich würde mich sofort darum kümmern.‹

Henry war natürlich kein Dummkopf. Ein paar Stunden später rief er Hoover an, um ihn daran zu erinnern, daß die Untersuchung vertraulich sein müsse, ›damit keine Geschichten nach außen dringen‹. Hoover muß wohl gelächelt haben, meinte aber, das gehe schon in Ordnung. Gegen siebzehn Uhr rief er wieder zurück, um Henry zu melden, daß der *Times*-Reporter ›einen Teil seiner Informationen möglicherweise aus der Abteilung Südostasien in der Pressestelle des Verteidigungsministeriums hat‹. Hoover wurde noch deutlicher und meinte, bei der Quelle könne es sich um einen Mann namens Mort Halperin handeln [einen Mitarbeiter Kissingers] und um einen zweiten Mann, der in der Abteilung Systemanalyse arbeite. (...) Hoovers Memo zufolge hoffte Kissinger, ›daß ich dem soweit wie nur irgend möglich nachgehen solle; sie würden dann denjenigen vernichten, der dies getan hat, wenn wir ihn finden können, ganz gleich, um wen es sich dabei handelt‹.

Der letzte Satz des Memos gibt eine ziemlich genaue Beschreibung von Henrys Wut wieder, soweit ich mich daran erinnere.

Doch auch Nixon stand hundertprozentig hinter den Abhörmaßnahmen. Ich ebenfalls.

So startete das durch Henrys Wut und Nixons Befehl ausgelöste Programm, und Nixon weitete die Maßnah-

> men bald auch auf Presseleute aus. Schließlich wurden vom FBI siebzehn Personen abgehört, darunter sieben in Kissingers Stab im Nationalen Sicherheitsrat und drei im Stab des Weißen Hauses.«

Dies war die Geburtsstunde der »Klempner« und der Beginn des Angriffs auf Recht und Demokratie in den Vereinigten Staaten. In einem Kommentar zum jämmerlichen Ende dieser Geschichte schreibt Haldeman, daß er immer noch glaube, Expräsident Nixon (der zu jenem Zeitpunkt noch lebte) solle der Freigabe der verbliebenen Bänder zustimmen:

> »Diesmal wird meine Ansicht offensichtlich aber nicht von jenem Mann geteilt, der einer der Auslöser für die ursprüngliche Entscheidung gewesen ist, die Mitschnitte anzuordnen. Henry Kissinger ist entschlossen, dafür zu sorgen, daß die Bänder nicht an die Öffentlichkeit gelangen. (...)
>
> Nixon machte deutlich, daß es Kissinger sei, der am meisten zu verlieren hätte, wenn die Bänder öffentlich gemacht würden. Henry hatte offenbar den Eindruck, daß ein Großteil des von ihm auf den Bändern Gesagte ihm in der Öffentlichkeit erheblich schaden würde.
>
> Nixon sagte, bei der Absprache über die Aufbewahrung der Unterlagen seiner Präsidentschaft, die zunächst nach seiner Begnadigung getroffen worden war, dann aber vom Kongreß niedergeschmettert wurde, habe ihn Kissinger angerufen und darauf beharrt, daß es Nixons gutes Recht sei, die Bänder zu vernichten. Dies sei der entscheidende Punkt gewesen, der die Absprache zunichte machte.«

Eine Gesellschaft, die derart »angezapft« wurde, hat das Recht zu fordern, daß die »Klempner« eine Art Wiedergutmachung leisten, indem sie ihre Erkenntnisse umfassend aufdecken. Der Rechtsstreit über die Veröffentlichung von Nixons Bändern ist noch nicht abgeschlossen; erst wenn Kissingers Anteil an dem, was wir schon wissen, vollkommen offengelegt wird, ist eine wahrheitsgetreue Darstellung der Jahre des Vietnamkriegs möglich.

Bis zu jenem Zeitpunkt wirkt Kissingers Rolle bei der Verletzung amerikanischen Rechts am Ende des Vietnamkriegs wie das perfekte Gegenstück zu jener verdeckten Aktion, die ihm 1968 zur Macht verhalf. Die beiden Klammern umschließen eine Reihe von vorsätzlichen Kriegsverbrechen, die auch heute noch jede Vorstellungskraft übersteigen.

Bangladesch: ein Völkermord, ein Coup und ein Anschlag

In den Annalen der amerikanischen Diplomatie finden sich zahlreiche unauslöschliche Seiten der Humanität, die man einigen der verkommenen und entmutigenden Taten, die ebenfalls auf diesen Seiten vermerkt sind, gegenüberstellen könnte und sollte. Man könnte zum Beispiel die außergewöhnlichen Berichte zitieren, die Botschafter Henry Morgenthau 1915 von seinem Posten im Osmanischen Reich sandte, in denen er konsularische und geheimdienstliche Informationen verwendete, um ein Bild von dem vorsätzlichen staatlichen Massaker an der armenischen Minderheit zu zeichnen, dem ersten Genozid des 20. Jahrhunderts (das Wort selbst war damals noch nicht bekannt, und Botschafter Morgenthau mußte auf den – in mancher Hinsicht eindrücklicheren – Begriff »Rassenmord« ausweichen).

1971 war der Begriff des Genozids nur allzu verständlich. Er tauchte in einem Protesttelegramm des US-amerikanischen Konsulats im damaligen Ostpakistan auf – dem bengalischen Teil des Moslemstaats Pakistan, den seine widerspenstigen nationalistischen Bewohner nur Bangladesch nannten. Das Telegramm wurde am 6. April 1971 verfaßt; der ranghöchste Unterzeichner, der Generalkonsul in Dhaka, war Archer Blood. Selbst wenn er nicht so geheißen hätte, wäre es sicher auch als »Blut-Telegramm« in die Geschichte eingegangen. Ebenso wie Morgenthaus Bericht wurde das Telegramm direkt ans Weiße Haus geschickt, doch unterschied es sich von seinem Vorläufer in einer Hinsicht. Es ging im »Blut-Telegramm« nicht so sehr um die Meldung eines Genozids als vielmehr um die Anprangerung der Beteiligung der amerikanischen Regierung an einem Genozid. Der Kernabschnitt des Telegramm lautet wie folgt:

> »Unsere Regierung hat es versäumt, die Unterdrükkung der Demokratie zu brandmarken. Unsere Regierung hat es versäumt, energische Maßnahmen zum Schutz der Bürger zu ergreifen, während sie gleichzeitig nichts unversucht ließ, die von Westpakistan dominierte Regierung zu beschwichtigen. Unsere Regierung hat etwas getan, was von vielen als moralische Bankrotterklärung verstanden werden wird, und dies ironischerweise zu einem Zeitpunkt, an dem die UdSSR Präsident Yahya Khan eine Note übersandte, in der die Demokratie verteidigt und die Festnahme eines Führers einer demokratisch gewählten Mehrheitspartei, die übrigens westlich orientiert ist, verurteilt und ein Ende der Unterdrückungsmaßnahmen und des Blutvergießens gefordert wird. (...) Doch wir haben es vorgezogen, nicht zu intervenieren, nicht einmal moralisch, und dies mit der Begründung, daß der Awamikonflikt, *auf den der überstrapazierte Begriff des Völkermords leider anzuwenden ist*, eine rein innere Angelegenheit eines souveränen Staates sei. Amerikanische Privatpersonen haben ihrer Empörung Ausdruck verliehen. Wir als Mitarbeiter im öffentlichen Dienst bringen hiermit unsere abweichende Meinung zur aktuellen Politik zum Ausdruck und hoffen zutiefst, daß unsere eigentlichen und langfristigen Interessen hier klargestellt und unsere Politik entsprechend geändert werden kann.« (Hervorhebung durch den Autor)

Unterzeichnet wurde dieses Schreiben von zwanzig Angehörigen des diplomatischen Stabs der Vereinigten Staaten in Bangladesch und, nach seinem Eingang im Außenministerium, von weiteren neun ranghohen Beamten der für Südasien zuständigen Abteilung. Dies war die deutlichste Demarche von Mitarbeitern des Außenministeriums an das Außenministerium, die je aktenkundig wurde.

Die Umstände rechtfertigten den Protest in jeder Hinsicht. Im Dezember 1970 erlaubte die pakistanische Militärelite zum erstenmal nach zehn Jahren freie Wahlen. Scheich Mujibur Rahman und seine bengalische Awamiliga gewannen diese Wahl mühelos, sie hatten Anspruch auf eine deutliche Mehrheit in der zukünftigen Nationalversammlung (allein im Osten gewann die Liga 167 von 169 Sitzen). Dies war, neben anderen Faktoren, eine Herausforderung der politischen, militärischen und wirtschaftlichen Hegemonie der westlich orientierten Fraktion im Land. Am 3. März 1971 sollte die Nationalversammlung zusammentreten. Am 1. März verschob General Yahya Khan, Chef des abzulösenden Militärregimes, ihre Einberufung, was Massenproteste und gewaltfreien zivilen Ungehorsam im Osten auslöste.

Am 25. März 1971 griff die pakistanische Armee die Bengalihauptstadt Dhaka an. Nachdem sie Scheich Mujibur Rahman verhaftet und nach Westpakistan verschleppt hatte, begann sie seine Unterstützer zu massakrieren. Die ausländische Presse war bereits im Vorfeld aus der Stadt ausgewiesen worden, doch wurde ein Großteil der unmittelbaren Beweise für das, was dann geschah, über einen Radiosender verbreitet, den das amerikanische Konsulat betrieb. Archer Blood selbst lieferte den Bericht eines Zwischenfalls direkt an das Außenministerium und an Henry Kissingers Nationalen Sicherheitsrat: Bei einem Überfall legten reguläre pakistanische Soldaten Feuer im Studentinnenwohnheim der Universität und mähten dann die Bewohnerinnen mit Maschinengewehren nieder, als diese zu flüchten versuchten. (Die Maschinengewehre waren, wie alle anderen Waffen auch, im Rahmen von amerikanischen Militärhilfsprogrammen geliefert worden.)

Andere hinreichend bestätigte Berichte lieferte der mutige Reporter Anthony Mascarenhas an die Londoner Zeitungen *Times* und *Sunday Times*. Die Welt war entsetzt. Vergewaltigung, Mord, Verstümmelung und der staatliche Mord an Kindern wurden bewußt als Mittel der Unterdrückung und Einschüchterung eingesetzt. Mindestens 10 000 Zivilisten kamen im Verlauf der ersten drei Tage ums Leben. Die Gesamtzahl der Opfer in der Zivilbevölkerung wird mit nicht weniger als einer halben Million Menschen angegeben, andere Schätzungen reichen bis maximal drei Millionen. Da fast die gesamte Hindubevölkerung durch den pakistanischen Militärchauvinismus bedroht wurde (was nicht heißen soll, daß muslimische Glaubensgenossen Pakistans verschont blieben), drängte ein Flüchtlingsstrom von Millionen von Menschen – möglicherweise an die zehn Millionen – über die indische Grenze.

Fassen wir zusammen: Erstens, die offene Negierung einer demokratischen Wahl; zweitens, die Durchführung einer Politik des Völkermords; drittens, die Schaffung einer äußerst gefährlichen internationalen Krise. Nach kurzer Zeit schloß sich Botschafter Kenneth Keating, der ranghöchste amerikanische Diplomat in Neudelhi, dem Chor der Kritiker an. Es handele sich um einen Zeitpunkt, teilte er Washington mit, zu dem ein grundsätzlicher Widerstand gegen die Urheber dieser Aggression und Greueltaten unter pragmatischen Gesichtspunkten die bestmögliche Haltung wäre. Keating, ehemaliger Senator aus New York, mahnte in seinem Telegramm vom 29. März 1971 die Regierung und forderte sie auf, »diese Brutalität sofort, öffentlich und in aller Klarheit zu mißbilligen«. Es sei »äußerst wichtig, daß entsprechende Maßnahmen sofort ergriffen werden«, warnte er, »ehe zwangsläufig und in kürzester Zeit die schreckliche Wahrheit ans Licht kommt«.

Nixon und Kissinger handelten schnell. Soll heißen, Archer Blood wurde umgehend von seinem Posten abgezogen, und Kissinger beschrieb Botschafter Keating gegenüber dem Präsidenten mit einiger Verachtung als jemand, der »von den Indern vereinnahmt worden« sei. Ende April 1971, auf dem Höhepunkt der Massenmorde, schickte Kissinger General Yahya Khan eine Botschaft, in der er sich für dessen »Feingefühl und Takt« bedankte.

Heute kennen wir zumindest einen der Gründe, warum der General noch zu einer Zeit, als er und seine Komplizen sich bereits der ungeheuerlichsten Verbrechen gegen die Menschlichkeit schuldig gemacht hatten, so wohlwollend und bevorzugt behandelt wurde. Im April 1971 hatte ein amerikanisches Tischtennisteam eine überraschende Einladung zu einem Wettkampf in Peking angenommen, und gegen Ende dieses Monats hatten die chinesischen Behörden über den pakistanischen Botschafter als Mittelsmann ein Schreiben geschickt, in dem Nixon gebeten wurde, einen Gesandten zu schicken. Somit gab es ein machtpolitisches Motiv für die Schande, die Nixon und Kissinger wegen ihrer Mittäterschaft an der Ausrottung der Bengalis über das eigene Land brachten.

Wer sich gern auf Realpolitik beruft, sollte aber vielleicht noch einige weitere Umstände berücksichtigen. Es gab immer, und dies schon seit geraumer Zeit, einen »Draht« zwischen Washington und Peking. Er verlief über Nicolae Ceausescus Rumänien; nicht gerade eine Wahl, mit der man sich schmükken konnte, aber zur damaligen Zeit auch keine eindeutig verbrecherische. Für eine ernsthafte Person wie Tschou En-lai gab es keinerlei Grund, Annäherungsversuche auf den schmalen Draht zu beschränken, den ein blutbefleckter (und wie sich herausstellen sollte, kurzlebiger) Despot wie der feinfühlige und taktvolle Yahya Khan ihm bot. Mit anderen Worten: Entweder wollte Tschou En-lai einen Kontakt, oder er wollte ihn nicht. Wie Lawrence Lifschultz, der bedeutendste Historiker jener Periode, es formuliert:

> »Winston Lord, Kissingers Stellvertreter im Nationalen Sicherheitsrat, betonte gegenüber Untersuchungsbeamten die inneren Beweggründe innerhalb der höheren Ränge der Regierung. Lord erzählte [Mitarbeitern der Carnegie Stiftung für Internationalen Frieden]: ›Wir mußten China beweisen, daß wir als Regierung ein zuverlässiger Verhandlungspartner waren. Wir mußten China zeigen, daß wir einen gemeinsamen Freund respektierten.‹ Daß nach zwei Jahrzehnten aggressiver Feindseligkeit gegenüber der Volksrepublik die bloße Unterstützung Pakistans in seinem blutigen Bürgerkrieg China beweisen sollte, daß die USA ›als Regierung ein zuverlässiger Verhandlungspartner‹ waren, war eine verblüffende Behauptung, die zynischere Beobachter der Ereignisse sowohl innerhalb wie außerhalb der amerikanischen Regierung als blanke Ausrede ansehen, um die schlichte Zweckmäßigkeit der Verbindung via Islamabad zu rechtfertigen – eine Verbindung, an der etwas zu ändern Washington kein besonders dringendes Interesse hatte.«

Die Kenntnis um diese Geheimdiplomatie und die damit einhergehenden Privilegien befreite den pakistanischen General offensichtlich von allen Selbstbeschränkungen, die er sich andernfalls womöglich auferlegt hätte. Seinen engsten Vertrauten, darunter der Minister für Telekommunikation, G. W. Choudhury, sagte er, daß seine privaten Vereinbarungen mit Washington und Peking ihn schützten. Später schrieb Choudhury: »Hätten Nixon und Kissinger ihm nicht diese falsche Hoffnung vermittelt, wäre er realistischer gewesen.« So bekräftigt die Zusammenarbeit mit ihm wegen China die direkte Komplizenschaft von Nixon und Kissinger an den Massakern.

(An dieser Stelle schließt sich eine weitere Überlegung an, die allerdings den Rahmen dieses Buches verläßt, und zwar die Frage: Warum hat Kissinger seine Chinadiplomatie auf Kanäle beschränkt, die von autoritären oder totalitären Regimes zur Verfügung gestellt wurden? Hätte eine offene Diplomatie nicht genauso leicht, wenn nicht gar leichter zum Erfolg führen können? Die Antwort – die ebenfalls den Rahmen dieses Buches verläßt – liegt offenkundig darin begründet, daß Heimlichtuerei, die an sich nicht notwendig gewesen wäre, zumindest dann notwendig war, wenn Nixon und Kissinger sich den Ruhm für die Ergebnisse dieser Diplomatie allein zuschreiben wollten.)

In jedem Fall läßt sich nicht behaupten, daß der Schutz von Kissingers Privatkorrespondenz mit China das vorsätzliche Opfer von Hunderttausenden von bengalischen Zivilisten rechtfertigt. Spätere umfassendere Offenlegungen lassen uns daran zweifeln, daß dies das einzige Motiv war. Kissingers Politik hinsichtlich Bangladeschs mag zu großen Teilen tatsächlich nur um ihrer selbst willen gemacht worden zu sein, als Mittel, um den Groll, den sein Boß gegen Indien hegte, zu befriedigen und auf jeden Fall die Unabhängigkeit Bangladeschs zu verhindern.

Der diplomatische Allgemeinplatz »neigen« – der jene Mischung aus Signalen, Nuancen und Codes bezeichnet, die eine außenpolitische Orientierung andeutet, die in der Öffentlichkeit zuzugeben zu peinlich wäre – stammt aus dieser unheilvollen

Episode. Am 6. März 1971 berief Kissinger eine Sitzung des Nationalen Sicherheitsrats ein und bestand – *im Vorfeld* der Krise in den Beziehungen zwischen Ost- und Westpakistan, die sich damals abzeichnete und für alle Beteiligten vorhersehbar war – darauf, daß keinerlei Präventivmaßnahmen durchgeführt werden sollten. Er widersprach allen Anwesenden, die vorschlugen, daß man General Yahya Khan eine Warnung zukommen lassen und ihm raten sollte, die Wahlergebnisse zu respektieren.

Kissingers nachfolgende Politik wurde bereits beschrieben. Nach seiner Rückkehr aus China im Juli begann er in nahezu maoistischen Formulierungen von einem sowjetisch-indischen Komplott zu reden, der bezwecke, einen Teil von Pakistan abzutrennen und gar zu besetzen, was China dazu zwingen würde, auf Pakistans Seite zu intervenieren. (Im Gefolge dieser Konfrontationsphantasie verärgerte er Admiral Elmo Zumwalt, als er ihm befahl, den Flugzeugträger *USS Enterprise* von der vietnamesischen Küste abzuziehen und im Golf von Bengalen kreuzen zu lassen, ohne ihm eine klarumrissene Aufgabe zu zuzuteilen.) Allerdings fand sich kein Analytiker des Außenministeriums oder der CIA, der eine derart bizarre Vorhersage unterschrieben hätte, und bei einer Sitzung der *Senior Review Group* verlor Kissinger angesichts dieser Insubordination die Fassung. »Der Präsident betont stets, daß wir zu Pakistan neigen sollten, doch jeder Vorschlag, der mir unterbreitet wird, geht in die entgegengesetzte Richtung. Manchmal glaube ich, ich bin in einem Irrenhaus.« Nixons Weißes Haus war auf dem besten Weg, genau dazu zu werden, doch Kissingers Zuhörer hatten nur Zeit zu bemerken, daß ein neue Machtbegriff in Washingtons Dialekt der Krise und Verschwörung aufgetaucht war.

»Der Präsident betont stets, daß wir zu Pakistan neigen sollten.« Das zumindest entsprach der Wahrheit. Lange vor seiner Erfindung der »Pingpongdiplomatie«, ja, noch während der

Jahre, in denen er über »Rotchina« und dessen Sympathisanten herzog, verachtete Nixon die indische Regierung und zeigte herzlichste Sympathien für Pakistan. Viele seiner Biographen und Vertrauten, darunter auch Kissinger, haben die besondere Abneigung vermerkt, die Nixon (wohl mit gutem Grund) gegenüber Indira Gandhi hegte. Stets sprach er nur von »diesem Miststück«, und bei einer Gelegenheit ließ er sie eine dreiviertel Stunde lang vor den Türen des Weißen Hauses warten. Die Abneigung entsprang wohl Nixons Verachtung für ihren Vater Jawaharlal Nehru und seiner noch größeren Verachtung für Nehrus Unterstützung der Gruppe der Blockfreien Staaten – zu der auch Staatsführer wie Makarios, Tito und Sukarno zählten. Es besteht kein Zweifel daran, daß General Yahya Khan, ob mit oder ohne »Chinakarte«, auf wohlwollende Ohren und bevorzugte Behandlung durch diesen Präsidenten und also auch durch dessen Nationalen Sicherheitsberater getroffen wäre.

Dies wird durch Kissingers weiteres Verhalten als Außenminister gegenüber den Bengalis und Scheich Mujibur, dem Führer der Awamiliga und späteren Vater der Unabhängigkeit Bangladeschs, deutlich. Unnachgiebige Feindseligkeit und Verachtung brachte er ihnen entgegen. Kissinger mußte eine ziemlich schlechte und sogar höhnische Presse für seine Behandlung der Krise in Bangladesch erdulden, und dies verdarb seine angebliche Sternstunde in China doch etwas. Daraufhin begann er, die Bengalen und ihren Anführer zu verachten und verglich Mujibur (seinem damaligen Berater Roger Morris zufolge) mit Allende.

Kaum war Kissinger 1973 Außenminister geworden, degradierte er all diejenigen, die 1971 den Genozidprotest unterzeichnet hatten. Im Herbst 1974 brüskierte er einige Male Mujibur, der sich auf seiner ersten Amerikareise als Staatsoberhaupt befand. In Washington boykottierte er das fünfzehnminütige Treffen, daß Mujibur mit Präsident Ford gewährt worden war. Kissinger widersetzte sich zudem Mujiburs Hauptanliegen, Hilfslieferungen von amerikanischem Getreide und weitere Unterstützung bei der Schuldenerleichterung, um das Land wieder auf die Beine zu bringen, das Kissingers Freund und Alliierter so verheert hatte. Um noch einmal Roger Morris zu zitieren: »In Kissingers Sicht herrschte eine distanzierte Haltung ihnen gegenüber. Da sie die Unverschämtheit besessen haben, sich von einem meiner Klientenstaaten unabhängig zu machen, können sie, verdammt noch mal, auch eine Weile allein vor sich hindümpeln.« Zu etwa dieser Zeit vernahm man Kissinger mit den Worten, Bangladesch könne »als internationaler Krüppel« betrachtet werden, ein Urteil, daß sich in dem Maß, wie es der Wahrheit entsprach, selbst erfüllte.

Im November 1974 hielt sich Kissinger auf einer kurzen gesichtswahrenden Reise durch die Region für acht Stunden in Bangladesch auf und gab eine dreiminütige Pressekonferenz, bei der er sich weigerte zu erklären, warum er drei Jahre zuvor die *USS Enterprise* in den Golf von Bengalen entsandt hatte. Wenige Wochen nach seiner Abreise traf sich, wie wir heute wissen, eine Gruppe der amerikanischen Botschaft in Dhaka insgeheim mit einer Gruppe von bengalischen Offizieren, die einen Staatsstreich gegen Mujibur plante. Am 14. August 1975 wurden Mujibur und vierzig Verwandte bei einem Militärputsch ermordet. Ein paar Wochen später wurden seine engsten politischen Verbündeten in ihren Gefängniszellen mit Bajonetten erstochen.*

* Im Dezember 2000 wurden die Verantwortlichen vor einem Gericht Bangladeschs (meiner Meinung nach zu Unrecht) zum Tod verurteilt. Einige der Angeklagten konnten der Bestrafung nicht zugeführt werden, das sie in den Vereinigten Staaten Zuflucht gefunden hatten, ein Kunststück, das dem durchschnittlichen bengalischen Flüchtling nicht gelingen würde.

Der Auswärtige Ausschuß des Senats unterzog damals die Beteiligung der CIA an Attentaten und Unterwanderungen in der Dritten Welt einer sensationellen Untersuchung. Das »zweigleisige« Konzept, nach dem ein amerikanischer Botschafter wie Ed Korry in Chile erfahren mußte, daß seine Geheimdienstoffiziere und Militärattachés mit geheimer Befehlsgabe aus Washington hinter seinem Rücken und über seinen Kopf hinweg agierten, war damals noch nicht allzu vertraut. Umfassende Untersuchungen von Lawrence Lifschultz an der Yale-Universität deuten nun allerdings darauf hin, daß eine solche »zweigleisige« Vorgehensweise auch in Bangladesch angewendet wurde.

Khondakar Mustaque, im allgemeinen als der Führer des rechten Flügels der Awamiliga angesehen, wurde von den jungen Offizieren, die Mujibur Rahman erschlagen hatten, als Präsident Bangladeschs eingesetzt. Es bereitete im viel Mühe zu sagen, daß der Putsch für ihn völlig überraschend gekommen sei und die jungen Majore, die ihn angeführt hätten – Major Faroukh, Major Raschid und vier weitere als Anführer einer Einheit, die gerade mal 300 Mann umfaßte –, »auf eigenen Befehl« gehandelt hätten. Er fügte hinzu, daß er den meuternden Offizieren niemals zuvor begegnet sei. Solche Dementis gehören dazu, sind schon fast Etikette, ebenso wie die Erklärungen aus Washington, die unbeirrbar festhalten, daß diese oder jene politische Unruhe in der Welt die größte und mächtigste Geheimdienstorganisation vollkommen überraschend getroffen habe. x) Diese Erklärung wurde natürlich auch nach den Morden in Dhaka abgegeben.

Die als Deckmantel dienende Geschichte (man könnte sie auch die Zufallsversion nennen) ist an jeder beliebigen Stelle undicht und fällt schon bei einäugigem Hinsehen in sich zusammen. Major Raschid wurde am Jahrestag des Putsches

x) wie 11.9.2001

von Anthony Mascarhenas interviewt, dem Journalistenhelden des Bangladeschkriegs. Er bestätigte, daß er Mustaque schon vor dem Putsch kennengelernt und wenige Tage vor dem Putsch wiedergetroffen hatte. Tatsächlich hat ein hochrangiger Offizier Bangladeschs schon mehr als sechs Monate vor Mujiburs Sturz Treffen zwischen Mustaque und den Meuterern bemerkt.

Davis Eugene Booster, amerikanischer Botschafter in Dhaka, wußte, daß ein Putsch geplant war. Er wußte auch von den höchst kontroversen Kongreßanhörungen in Washington, die Missetaten auf höchster Ebene zutage förderten und die Karriere so manches unvorsichtigen diplomatischen Beamten beendete. Er befahl, alle Kontakte seiner Botschaft mit den meuternden Offizieren sofort abzubrechen. Seine Beunruhigung und Verärgerung war am 14. August besonders groß. Die Männer, die an die Macht gekommen waren, waren genau diejenigen, zu denen er jeden Kontakt untersagt hatte. Quellen der Botschaft haben Lifschultz in der Zwischenzeit bestätigt, daß a) Beamte der Vereinigten Staaten von den Offizieren, die einen Putsch versuchen wollten, angesprochen worden waren und keineswegs davon abgeraten hatten und daß b) Botschafter Booster davon überzeugt war, daß seine CIA-Abteilung ohne sein Wissen einen *Back channel** offenhielt. Eine solche Operation wäre völlig bedeutungslos und unsinnig riskant gewesen, wenn sie nicht bis nach Washington führte, wo, wie inzwischen klar ist, alle Fäden des *40 Committee* und des Nationalen Sicherheitsrats in einer Faust endeten.

* Back channel (Rückkanal) ist ein Begriff aus dem CIA-Jargon und bezeichnet Geheimkontakte über verdeckte Verbindungen, in diesem Fall zwischen den Putschisten und Washington unter Ausschaltung der Botschaft; A. d. Ü.

Philip Cherry, damals Chef der CIA in Bangladesch, wurde im September 1978 von Lifschultz interviewt. Cherry drückte sich vage und ausweichend aus und wollte nicht einmal eindeutig sagen, ob er überhaupt diese Position innegehabt hatte. Dann aber erklärte er: »Da gibt es einen Punkt. Es gibt Politiker, die sich ständig an Botschaften wenden und möglicherweise dort Kontakte haben. Sie glauben, sie hätten Kontakte.« Die Unterschiede zwischen Beamten und Politikern sind manchmal nicht eindeutig zu erkennen. Und zudem agieren jene, die glauben, sie hätten Kontakte, vielleicht wirklich so, als hätten sie welche, es sei denn, man rät ihnen davon ab.

Khondakar Mustaque allerdings bildete sich Kontakte zur amerikanischen Regierung nicht ein, er hatte sogar welche zu Kissinger selbst, und zwar seit 1971. 1973, in den Nachwehen der unerwarteten Revolte von Berufsdiplomaten gegen Kissingers Vorgehen in Bangladesch, führte die Carnegie-Stiftung für Internationalen Frieden (Herausgeber der Zeitschrift *Foreign Policy*) in Washington eine großangelegte Studie zu jener »Neigung« durch, die die Vereinigten Staaten auf dieselbe Seite gebracht hatte wie jene, die einen Genozid ausübten. Mehr als 150 hochrangige Beamte aus dem Außenministerium und der CIA stimmten einem Interview zu. Die Studie wurde vom ehemaligen Berater Kissingers, Roger Morris, koordiniert. Das Ergebnis der neunmonatigen Untersuchung wurde aufgrund von inneren Differenzen bei Carnegie nie veröffentlicht, doch Lifschultz erhielt Zugang zu dem Material, und zumindest einen Schluß kann man ohne jeden Zweifel daraus ziehen.

1971 hatte Henry Kissinger das Unmögliche versucht, nämlich die bei den Wahlen siegreiche Awamiliga zu spalten und deren Forderung nach Unabhängigkeit abzuschwächen. Bei der Verfolgung dieses Gefallens für General Yahya Khan hatte er eine verdeckte Annäherung an Khondakar Mustaque gesucht, der die winzige Minderheit anführte, die bereit war, in der Kernfrage Kompromisse einzugehen. Ein kürzlich ausgegrabenes »Memorandum für die Akten« gibt uns detailliert Aufschluß über ein Treffen von Nixon, Kissinger und anderen im Weißen Haus am 11. August 1971, bei dem Unterstaatssekretär John Irwin vortrug: »Uns sind in letzter Zeit Meldungen eingegangen, in denen von der Möglichkeit gesprochen wurde, daß einige Awamiliga-Anführer in Kalkutta auf der Basis, ihren Anspruch auf die Unabhängigkeit Ostpakistans aufzugeben, mit Yahya verhandeln wollen.« Dies bezieht sich zweifellos auf die provisorische Regierung von Bangladesch, die nach den Massakern im Exil in Kalkutta gebildet worden war, und kann nur als Versuch angesehen werden, deren Führungsanspruch zu umgehen. Die Konsequenzen aus diesem grobschlächtigen Versuch bestanden darin, daß Mustaque aufflog und im Oktober 1971 unter Hausarrest gestellt wurde; der amerikanische politische Beamte, der Kontakt mit ihm aufgenommen hatte, wurde zur unerwünschten Person erklärt, als er ein Jahrzehnt später an die amerikanische Botschaft in New Delhi versetzt werden sollte.

Jene, die an den militärischen Vorbereitungen des Putsches beteiligt waren, haben Lifschultz berichtet, daß auch sie eine »zweigleisige« Politik verfolgt hätten. Es gab niedrige Offiziersgrade, die bereit zur Meuterei waren, und es gab einen hochrangigen Offizier – den zukünftigen Diktator Zia ul-Haq –, der bereit war, aber noch zögerte. Beide Gruppen sagen, daß sie sich natürlich im Vorfeld mit ihren amerikanischen Kontakten in Verbindung gesetzt und diese ihnen erklärt hatten, daß der Sturz Mujibur Rahmans »kein Problem« sei. Dies wird, zumindest teilweise, durch einen vom Kongreßabgeordneten Stephen J. Solarz vom *Foreign Affairs Committee* des Senats unterzeichneten Brief bestätigt. Solarz bemühte sich 1980 für Lifschultz um Aufklärung in dieser Frage und schrieb ihm am 3. Juni dieses Jahres: »In bezug auf die Botschaftstreffen im Zeitraum vom November 1974 bis Januar 1975 mit Gegnern des Rahman-Regimes leugnet das Außenministerium erneut nicht, daß die Treffen stattgefunden haben.« Dies würde im Widerspruch zur Aussage von Mr. Cherry von der CIA stehen, selbst wenn der Brief festhält: »Das Ministerium behauptet, daß Rahman über die Treffen und die Möglichkeit eines Putsches informiert worden sei.« Falls dies stimmt, so wird diese »Behauptung« zum erstenmal aufgestellt, und dies im Namen eines Mannes, der bei dem Putsch ums Leben kam und sie nicht widerlegen kann. Aber das Geständnis, daß Treffen stattgefunden haben, ist ohnehin wichtiger als die nachgeschobene Behauptung, Mujibur sei gewarnt worden.

Der Kongreßabgeordnete Solarz richtete seine Fragen nach der Beteiligung der CIA an das Büro des Kongreßabgeordneten Les Aspin vom *Permanent Select Committee of Intelligence*, dem Kontrollgremium der Geheimdienste im Kongreß, da dieses Komitee, wie er sagte, »die größte Möglichkeit hat, Zugang sowohl zu den CIA-Telegrammen als auch zu den entscheidenden Figuren bei den Geheimdiensten zu bekommen«. Der Brief ging jedoch unterwegs aus irgendeinem Grund verloren und traf niemals bei dem Kontrollgremium ein, und kurz darauf verschoben sich die Machtverhältnisse von Jimmy Carter hin zu Ronald Reagan.

Nur eine neue Untersuchung des Kongresses mit dem Recht, Zeugen vorzuladen, könnte ermitteln, ob es zwischen der genozidalen Geheimdiplomatie des Jahres 1971 und der destabilisierenden Geheimdiplomatie des Jahres 1975 eine direkte Verbindung gab jenseits der offenkundigen Verbindungen der politischen Routine, die durch wiederholte und zuverlässige

Aussagen belegt sind. Die Aufgabe, einen solchen Zusammenhang zu widerlegen, liegt unterdessen bei jenen, die glauben, alles sei nur ein Zufall.

Chile

In einer berühmten Aussage, die Kissingers ganze Verachtung für die Demokratie zeigt, bemerkte er einmal, er könne keinen Grund erkennen, warum man einem bestimmten Land erlauben solle, »kommunistisch zu werden, nur weil dessen Bevölkerung so unvernünftig ist«. Das betreffende Land war Chile, das zum Zeitpunkt dieser Bemerkung durchaus berechtigte Anerkennung als die höchst entwickelte pluralistische Demokratie Südamerikas genoß. Der Pluralismus zeigte sich darin, daß in den Jahren des kalten Kriegs etwa ein Drittel der Wahlberechtigten konservativ wählten, ein Drittel sozialistisch und kommunistisch und ein Drittel christdemokratisch und zentrumsorientiert. Auf diese Weise war es recht einfach, das marxistische Element von der Regierungsverantwortung fernzuhalten, und schon seit 1962 hatte die CIA sich wie bereits in Italien und anderen vergleichbaren Ländern damit begnügt, den vertrauenswürdigen Kräften mit Geldmitteln beizustehen. Im September 1970 jedoch hatte der Kandidat der Linken bei den Präsidentschaftswahlen eine leichte Mehrheit von 36,2 Prozent errungen. Spaltungen der Rechten und das Bündnis einiger kleinerer radikaler und christlicher Parteien mit der Linken ließen es sicher erscheinen, daß der chilenische Kongreß nach der üblichen sechzigtägigen Übergangszeit Dr. Salvador Allende im Amt des Präsidenten bestätigen würde. Doch allein schon der Name Allende war der extremen Rechten in Chile ein Greuel, genauso wie gewissen großen Firmen (allen voran ITT, Pepsi-Cola und die Chase Manhattan Bank), die Geschäfte in Chile und den Vereinigten Staaten machten, sowie der CIA.

Dieser Abscheu kam bald auch Präsident Nixon zu Ohren. Er war Donald Kendall, dem Präsidenten von Pepsi-Cola, persönlich verpflichtet; Kendall hatte Nixon seinen ersten internationalen Auftrag erteilt, nachdem dieser sich als zunächst gescheiterter Politiker einer Anwaltskanzlei an der Wall Street angeschlossen hatte. Einige Treffen in Washington, die binnen elf Tagen nach Allendes Wahlsieg stattfanden, besiegelten faktisch das Schicksal der chilenischen Demokratie. Nach Unterredungen mit Kendall, David Rockefeller von der Chase Manhattan Bank und CIA-Direktor Richard Helms ging Kissinger zusammen mit Helms ins *Oval Office* des Präsidenten. Helms' Notizen von diesem Treffen zeigen, daß Nixon nicht viel Zeit vergeudete, bis er seine Absichten kundtat: Allende durfte nicht ins Amt kommen. »Eventuelle Risiken unwichtig. Keine Beteiligung der Botschaft. Zehn Millionen Dollar zur Verfügung, mehr, falls nötig. Fulltime-Job – die Besten, die wir haben. (...) Die Wirtschaft soll schreien. 48 Stunden für Aktionsplan.«

Freigegebene Unterlagen belegen, daß Kissinger – der zuvor nichts über Chile gewußt, sich auch nie dafür interessiert hatte und es als »einen aufs Herz der Antarktis gerichteten Dolch« abtat – diese Gelegenheit, seinem Chef zu imponieren, ernst nahm. In Langley, Virginia, wurde eine Gruppe eingesetzt, die die Aufgabe hatte, eine »zweigleisige« Politik für Chile zu entwickeln: eine vorgeschobene diplomatische (»Gleis eins«) und eine andere – die weder dem Außenministerium noch Edward Korry, dem amerikanischen Botschafter in Chile, bekannt war –, nämlich eine Strategie der Destabilisierung durch Entführungen und Ermordungen, die einen Militärputsch provozieren sollte (»Gleis zwei«).

Es gab langfristige und kurzfristige Hindernisse auf dem Weg zu einer solchen Intervention, vor allem in der kurzen Zeit, die noch blieb, bis Allende seinen Amtseid leisten sollte. Das langfristige Hindernis lag in der Tradition der politischen Zurückhaltung des chilenischen Militärs begründet, eine Tradition, in der sich das Land von seinen Nachbarn unterschied. Eine solche Haltung des Militärs ließ sich nicht über Nacht ändern. Das kurzfristige Hindernis personifizierte sich in einem Mann: General René Schneider. Als Chef der chilenischen Armee war er vehement gegen jede Intervention des Militärs. Also wurde bei einem Treffen am 18. September 1970 entschieden, daß General Schneider verschwinden mußte.

Der Plan bestand darin, Schneider von extremistischen Offizieren entführen zu lassen, und zwar so, daß es aussah, als stünden linke und Allende freundlich gesonnene Elemente dahinter. Die sich daraus entwickelnde Verwirrung, so die Hoffnung, würde den chilenischen Kongreß so sehr in Panik versetzen, daß er Allendes Präsidentschaft die Zustimmung verweigerte. In der chilenischen Hauptstadt Santiago wurden jedem Offizier, der tollkühn genug war, diese Aufgabe zu übernehmen, 50 000 Dollar angeboten. Richard Helms und sein Direktor für verdeckte Operationen, Thomas Karamessines, erklärten Kissinger, sie seien nicht sehr optimistisch. Die gespaltenen militärischen Kreise zögerten oder verhielten sich General Schneider und der chilenischen Verfassung gegenüber loyal. Helms formulierte dies in einer späteren Niederschrift der Unterredung so: »Wir versuchten Kissinger klarzumachen, wie gering die Chancen auf Erfolg seien.« Kissinger forderte Helms und Karamessines dennoch deutlich auf fortzufahren.

An dieser Stelle muß man innehalten, um das Ganze noch einmal zu rekapitulieren. Ein ins Amt berufener, nicht gewählter hoher Beamter der Vereinigten Staaten trifft sich mit anderen ohne Wissen oder Zustimmung des Kongresses, um die Entführung eines verfassungstreuen hochrangigen Militärs in einem demokratischen Land zu planen, mit dem die Vereinigten Staaten sich nicht im Kriegszustand befinden und zu dem sie freundschaftliche diplomatische Beziehungen unterhalten. Die Protokolle der Treffen mögen einen offiziellen Eindruck machen (auch wenn sie nun lang genug vor der Öffentlichkeit verborgen gehalten worden sind), doch was wir hier vor uns haben, ist ein Anschlag, ein Beispiel für Staatsterrorismus.

Botschafter Edward Korry hat ausgesagt, daß er sein Botschaftspersonal aufgefordert habe, sich nicht mit einer Gruppe mit dem Namen *Patria y Libertad* abzugeben, einer quasi faschistischen Organisation, die sich zum Ziel gesetzt hatte, sich den Wahlergebnissen zu widersetzen. Er schickte zwei Telegramme nach Washington, in denen er seine Vorgesetzten ebenfalls davor warnte, sich mit dieser Gruppe einzulassen. Er konnte nicht ahnen, daß seine Militärattachés den Auftrag hatten, Kontakt zu der Gruppe aufzunehmen und ihm diese Tatsache vorzuenthalten. Als der scheidende Präsident Chiles, der Christdemokrat Eduardo Frei, verkündete, er sei gegen jede Art von amerikanischer Intervention und dafür, den legal gewählten Präsidenten Allende zu bestätigen, wandte sich Kissinger genau an diese Bande. Am 15. September 1970 erfuhr Kissinger von einem rechtsextremen General namens Roberto Viaux, der Kontakte zu *Patria y Libertad* hatte und bereit war, das Geld der Amerikaner anzunehmen, um General Schneider schachmatt zu setzen. Zwar wurde immer noch von »Kidnapping« gesprochen, und auch heute fällt der Begriff immer wieder. Doch Kissingers Geheimoperateure (»Gleis zwei«) genehmigten die Lieferung von Maschinenpistolen und Tränengasgranaten an Viaux' Mitstreiter und scheinen sich nicht ein einziges

Mal gefragt zu haben, was diese Gruppe wohl mit dem General anstellte, wenn sie ihn erst in ihrer Gewalt hätte.

Die Dokumente sollen uns über alles weitere Aufschluß geben. In einem Telegramm der CIA aus Santiago an Kissingers Gruppe für verdeckte Aktionen (»Gleis zwei«) vom 18. Oktober 1970 steht folgendes (noch immer werden die Namen aus »Sicherheits«-Gründen geschwärzt und von Hand durch Deckbezeichnungen getarnt, die ich in eckige Klammern gesetzt habe):

»1. [Standortmitarbeiter] traf sich verdeckt 17. Okt. abends mit [zwei chilenischen Armeeoffizieren], die ihm berichteten, daß ihre Pläne besser vorankommen als für möglich gehalten. Sie baten darum, daß [Mitarbeiter] sie bis zum Abend des 18. Okt. mit acht bis zehn Tränengasgranaten ausstattet. Innerhalb 48 Stunden brauchen sie drei Maschinenpistolen Kaliber 45 (›Schmierpressen‹) mit jeweils 500 Schuß Munition. [Ein Offizier] erwähnte, er habe selbst drei Maschinenpistolen, bei denen aber anhand der Seriennummern festgestellt werden könnte, daß sie ihm ausgehändigt worden seien, daher nicht einsetzbar.

2. [Offiziere] sagten, sie müßten umziehen, da sie glauben, unter Verdacht zu stehen und von Allende-Unterstützern beobachtet zu werden. [Ein Offizier] kam zum Treffen zu spät, da er Maßnahmen ergreifen mußte, um mögliche Überwachung durch ein oder zwei Taxis mit doppelten Funkantennen zu entgehen, die die Opposition gegen ihn einsetzt, wie er glaubt.

3. [Mitarbeiter] fragte, ob [Offiziere] Kontakte zur Luftwaffe hätten. Sie antworteten abschlägig, wären

aber froh, wenn sie welchen hätten. [Mitarbeiter] hat unabhängig davon versucht, Kontakt zu [einem chilenischen Luftwaffengeneral] herzustellen und wird es bis zur Kontaktaufnahme weiter versuchen. Wird [Luftwaffengeneral] drängen, sich umgehend mit [zwei weiteren Offizieren] zu treffen. [Mitarbeiter] meldete der Dienststelle, daß [Luftwaffengeneral] nach Bitte um Gespräch noch keinen Kontakt aufgenommen hat.

4. [Mitarbeiter] berichtet: Kann nicht sagen, wer Anführer dieser Bewegung ist, vermutet aber stark, daß es sich um Admiral [geschwärzt] handelt. Angesichts der Aktionen und der vermuteten Verdächtigungen durch Allende sieht es so aus, daß sie verloren sind, wenn sie nicht umgehend handeln. Versuche, mehr Infos bis zum Abend des 18. Okt. über die von ihnen vermutete Unterstützung zu erhalten.
5. Dienststelle plant, [Mitarbeiter] sechs Tränengasgranaten zu geben (die 18. Okt. mittags mit Sonderkurier eintreffen), damit [Mitarbeiter] diese an [Armeeoffizier] übergibt, statt [falschen Flaggoffizier] sie an die Gruppe Viaux übergeben zu lassen. Begründung: [Mitarbeiter] hat es mit aktiven Offizieren zu tun. Außerdem wird [falscher Flaggoffizier] am 18. Okt. abends abgezogen und nicht ersetzt, [Mitarbeiter] bleibt jedoch hier. Daher wichtig, daß Glaubwürdigkeit des [Mitarbeiters] bei [Armeeoffizieren] durch prompte Lieferung des Gewünschten gefestigt wird. Erwarte Zustimmung Hauptquartier um 1500 Ortszeit 18. Okt. zu Entscheidung Lieferung von Tränengas an [Mitarbeiter] statt [falschen Flaggoffizier].

6. Erbitte prompte Lieferung von drei sauberen Maschinenpistolen, Kaliber 45, und Munition wie in Abschnitt 1 beschrieben, mit Spezialkurier, falls nötig. Bestätigung bitte bis 2000, Ortszeit 18. Okt. [Mitarbeiter] wird [Kontaktpersonen] dann entsprechend informieren.«

Die Antwort mit der Überschrift »Eilt Santiago (Vertraulich an [Name geschwärzt])« stammt vom 18. Oktober und lautet wie folgt:

»Maschinenpistolen und Munition mit regulärem [geschwärzt] Kurier verlassen Washington 0700 Uhr 19. Oktober, Eintreffen Santiago später Nachmittag 20. Oktober oder früher Morgen 21. Oktober. Regulärer [geschwärzt] Kurier bevorzugt, um keine unnötige Aufmerksamkeit auf die Operation zu lenken.«

Eine Begleitnachricht, ebenfalls adressiert an »Santiago 562«, lautet:

»1. Abhängig vom Ausgang des Gesprächs [des Mitarbeiters] am Abend des 18. Oktober möchten Sie bitte Geheimdienstbericht [geschwärzt] einreichen, damit wir entscheiden können, ob er weitergegeben wird.

2. Neues Ziel: Wenn [Mitarbeiter] plant, den Coup zu leiten oder sich aktiv und öffentlich daran zu beteiligen, fragen wir uns, warum er sich Gedanken macht, daß Maschinengewehre zu ihm zurückverfolgt werden können. Gibt es einen vernünftigen Grund dafür, warum Waffen sauber sein müssen?

> Werden uns weiter bemühen, sie zu beschaffen, sehen aber unsere Leichtgläubigkeit auf die Probe gestellt, wenn Marine [Offizier] seine Truppe mit sauberen Waffen anführt. Welcher besondere Grund für diese Waffen? Werden versuchen, sie zu schikken, ob mit oder ohne Erklärung.«

Die ganze Schönheit dieses Telegrammwechsels kann man erst richtig erfassen, wenn man eine frühere Nachricht vom 16. Oktober liest (dabei sollte man stets daran denken, daß der chilenische Kongreß am 24. dieses Monats zusammentreten sollte, um Allende im Amt des Präsidenten zu bestätigen):

> »1. [Codename Trickturn] Taktik, Ziele und Vorgehensweise wurden Nachmittag 15. Oktober auf hoher USG [United States Government] -Ebene besprochen. Folgende Schlußfolgerungen, die zugleich als Durchführungsbestimmung gelten:
>
> 2. Weiterbestehendes klares Ziel ist der Sturz Allendes durch einen Putsch. Es wäre sehr wünschenswert, wenn dies noch vor dem 24. Oktober zustande käme, doch Bemühungen in dieser Hinsicht werden über dieses Datum hinaus unvermindert verfolgt. Wir werden fortfahren, mit aller nötigen Kraft auf dieses Ziel hinzuarbeiten, und alle nötigen Ressourcen dafür nutzen. *Es ist absolut notwendig, daß diese Aktionen verdeckt und unter größten Sicherheitsmaßnahmen durchgeführt werden, damit die US-Regierung und die amerikanische Beteiligung verborgen bleibt.* Dies erlegt uns zwar ein hohes Maß an Selektivität bei der Aufnahme von militärischen Kontakten auf und zwingt uns, diese Kontakte unter größ-

ten Sicherheitsvorgaben zu machen, doch schließt dies solche Kontakte, wie sie in Santiago 544 gemeldet werden, das ein wahres Meisterwerk war, nicht aus.

3. Nach äußerst sorgfältigen Überlegungen wurde entschieden, daß ein Viaux-Putschversuch, der von ihm allein, zusammen mit den ihm nun zur Verfügung stehenden Einheiten durchgeführt würde, scheitern würde. Daher ist dies kontraproduktiv zu unseren [Gleis-zwei-] Zielen. Es wurde entschieden, daß [die CIA] eine Botschaft an Viaux übermittelt, in der er vor voreiligen Aktionen gewarnt wird. Im wesentlichen besteht unsere Botschaft darin zu sagen, ›wir haben Ihre Pläne begutachtet, und, beruhend auf Ihren und unseren Informationen, kommen wir zu dem Schluß, daß Ihre Pläne für einen Putsch zu diesem Zeitpunkt nicht erfolgreich sein dürften. Sollten sie scheitern, dann verringert dies die Chancen in der Zukunft. Sichern Sie Ihre Aktiva. Wir bleiben in Kontakt. Die Zeit wird kommen, da Sie zusammen mit allen anderen Freunden etwas unternehmen können. Sie werden weiterhin unsere Unterstützung erhalten.‹ Sie werden gebeten, diese Botschaft im wesentlichen so wie oben aufgeführt zu übermitteln. Unsere Absichten sind folgende: (a) ihm unsere Meinung mitzuteilen und ihn von Einzelaktionen abzuhalten, (b) ihn weiter zu ermutigen, seine Planungen fortzusetzen, (c) ihn zu ermutigen, sich mit anderen Putschisten zusammenzutun, damit sie vor oder nach dem 24. Oktober gemeinsam handeln können. (P. S. Sechs Gasmasken und sechs CS-Kanister [sic] werden von Spezial

[geschwärzt] -Kurier nach Santiago gebracht. Geschätzte Abreise Washington 1100 Uhr 16. Oktober.)

4. Es herrscht großes und fortdauerndes Interesse an den Aktivitäten von Tirado, Canales, Valenzuela u. a., und wir wünschen ihnen alles erdenklich Gute.
5. Obiges stellt unsere Handlungsanweisung dar. Keine andere Anweisung, die Sie von [nicht zu entziffern: Staat] oder seinem obersten Vertreter in Santiago bei seiner Rückkehr erhalten, darf Sie von diesem Kurs abbringen.
6. Bitte überprüfen Sie alle Ihre gegenwärtigen und zukünftigen Aktivitäten darauf, ob auch Propaganda, illegale Tätigkeiten, Offenlegung von Geheimdienstinformationen oder Falschinformationen, persönliche Kontakte oder alles andere, was Ihrer Phantasie entspringen mag, Ihnen dabei helfen kann, unser [geschwärzt] Ziel auf sichere Weise voranzutreiben.« (Hervorhebung durch den Autor)

Abschließend ist es unumgänglich, das »Memorandum der Unterredung« des Weißen Hauses vom 15. Oktober 1970 zu lesen, auf das sich obiges Telegramm direkt bezieht und dessen ehrlichere Zusammenfassung es darstellt. Bei diesem Gespräch auf »hochrangiger USG-Ebene« waren, wie der Überschrift zu entnehmen ist, »Dr. Kissinger, Mr. Karamessines, Gen. Haig« anwesend. Der erste Abschnitt ihrer Auslassungen ist vollständig geschwärzt worden, ohne die kleinste Anmerkung des Redaktionsdienstes in den Marginalien (angesichts dessen, was bisher schon eingeräumt wurde, dürften diese sechzehn Zeilen eine sehr interessante Lektüre sein). Ab dem 2. Abschnitt finden wir folgendes:

»2. Danach lieferte uns Mr. Karamessines einen kurzen Überblick über Viaux, das Treffen von Canales mit Tirado, die neue Position des letzteren (nachdem Porta ›aus Gesundheitsgründen‹ seines Kommandos enthoben worden ist) und, in aller Ausführlichkeit, über die allgemeine Lage in Chile, vom Standpunkt eines möglichen Putsches aus betrachtet.

3. Uns lagen gewisse Informationen vor, die Viaux' angebliche Unterstützung im chilenischen Militär betrafen. Wir haben Viaux' Behauptungen sorgfältig geprüft, dabei beruhte unsere Analyse auf guten Geheiminformationen aus einer Reihe von Quellen. Wir kamen zu einem eindeutigen Schluß: Viaux hatte kaum mehr als eine Chance von eins zu zwanzig – vielleicht weniger –, um einen erfolgreichen Putsch zu starten.

4. Die verhängnisvollen Auswirkungen in Chile und im Ausland für den Fall eines Scheiterns des Putsches wurden diskutiert. Dr. Kissinger ging eine Liste dieser negativen Möglichkeiten durch. Seine Punkte deckten sich auffallend genau mit jenen, die Mr. Karamessines vorbereitet hatte.

5. Die Anwesenden beschlossen, daß die CIA eine Botschaft an Viaux übermitteln sollte, um ihn vor überstürzten Maßnahmen zu warnen. Im wesentlichen sollte diese Botschaft lauten: ›Wir haben Ihre Pläne begutachtet, und beruhend auf Ihren und unseren Informationen sind wir zu dem Schluß gekommen, daß Ihre Pläne für einen Putsch im Augenblick nicht zum Erfolg führen können. Im Fall eines Scheiterns würden sie Ihre Chancen in der Zukunft verringern. Sichern Sie Ihre Aktiva. Wir bleiben in

Kontakt. Die Zeit wird kommen, da Sie zusammen mit all Ihren Freunden etwas unternehmen können. Sie werden weiterhin unsere Unterstützung erhalten.‹

6. Nach der Entscheidung, den Viaux-Putsch, *zumindest für den Augenblick*, zu entschärfen, instruierte Dr. Kissinger Mr. Karamessines, die Aktiva in Chile zu sichern und verdeckt und geschützt zu arbeiten, um die Möglichkeiten für zukünftige CIA-Aktivitäten gegen Allende zu erhalten.
7. Dr. Kissinger sprach über seinen Wunsch, die Nachricht unserer Ermutigung des chilenischen Militärs in den letzten Wochen so geheim wie möglich zu halten. Mr. Karamessines betonte ausdrücklich, daß wir alles nur erdenklich Mögliche in dieser Richtung getan hätten, darunter auch der Einsatz falscher Flaggoffiziere, konspirative Treffen in Autos und eine Reihe anderer Vorsichtsmaßnahmen. Allerdings hatten wir und andere eine Großzahl von Gesprächen mit einer Reihe von Personen geführt. Zum Beispiel Botschafter Korrys weitreichende Diskussionen mit zahlreichen Personen, in denen er besonders betonte, daß ein Putsch ›nicht wieder in die Flasche gestopft werden kann‹. [Folgen drei geschwärzte Zeilen] (Dr. Kissinger bat darum, ihm am 16. Oktober eine Kopie der Botschaft zuzustellen.)
8. Das Meeting schloß mit Dr. Kissingers Bemerkung, daß die CIA weiter Druck auf jeden nur erkennbaren Schwachpunkt von Allende ausüben sollte – jetzt, nach dem 24. Oktober, nach dem 4. November und in der Zukunft, bis neuer Marschbefehl gegeben werde. Mr. Karamessines hielt fest, daß die

CIA dem Folge leisten werde.« (Hervorhebung durch den Autor)

»Gleis zwei« bestand also wiederum aus zwei Schienensträngen. »Gleis zwei/eins« waren eine Gruppe von Ultrarechten unter der Führung von General Roberto Viaux und seines Handlangers, Hauptmann Arturo Marshal. Diese Männer hatten 1969 versucht, einen Putsch gegen die Christdemokraten zu lancieren, und wurden selbst von den Konservativen im Offizierskorps verachtet. »Gleis zwei/zwei« bestand aus der scheinbar »respektablen« Gruppe um General Camilo Valenzuela, Kommandant der Garnison in der Hauptstadt, dessen Name in den bereits erwähnten Telegrammen auftaucht und sich auch hinter einigen Schwärzungen verbirgt. Verschiedene CIA-Leute in Chile hatten den Eindruck, daß Viaux viel zu verrückt sei, als daß man ihm vertrauen könne. Auch die wiederholten Warnungen von Botschafter Korry zeigten Wirkung. Wie aus dem Memorandum des Weißen Hauses vom 15. Oktober ersichtlich, hatten Kissinger und Karamessines in letzter Minute Bedenken gegenüber Viaux, der noch am 13. Oktober von der CIA-Dienststelle 20000 Dollar in bar erhalten hatte und dem eine Lebensversicherungspolice über 250000 Dollar in Aussicht gestellt worden war. Das Weiße Haus hatte dieses Angebot genehmigt. Da aber nur noch wenige Tage bis zur Amtseinführung Allendes blieben und Nixon wiederholt deutlich machte, daß es »absolut notwendig ist, die Wahl von Mr. Allende zum Präsidenten zu vereiteln«, nahm der Druck auf die Gruppe Valenzuela immens zu. Die Konsequenz daraus war, daß der General Roberto Viaux, vor allem nach den herzlichen Worten der Ermutigung, die ihm übermittelt worden waren, sich verpflichtet fühlte, zur Tat zu schreiten und all jene eines Besseren zu belehren, die Zweifel an ihm hegten.

Am Abend des 19. Oktober 1970 versuchte die Gruppe Valenzuela, unterstützt durch einige von Viaux' Bande und ausgestattet mit den Tränengasgranaten, die die CIA bereitgestellt hatte, General Schneider zu entführen, als er ein offizielles Diner verließ. Der Versuch scheiterte, weil Schneider in einem Privatwagen wegfuhr und nicht wie erwartet in einem Dienstfahrzeug. Dieses Scheitern sorgte für ein äußerst bedeutsames Telegramm vom CIA-Hauptquartier in Washington an die örtliche Dienststelle, in der um schnelles Handeln gebeten wurde, da »Hauptquartier am Vormittag 20. Oktober auf Anfragen von hoher Stelle reagieren muß«. Daraufhin wurden Zahlungen über jeweils 50 000 Dollar an Valenzuela und seinen engsten Verbündeten genehmigt, unter der Bedingung, daß sie einen weiteren Versuch unternahmen. Dies taten sie am Abend des 20. Oktober. Auch diesmal konnte nur ein Fehlschlag gemeldet werden. Am 22. Oktober wurden die »sauberen« Maschinenpistolen an die Gruppe Valenzuela übergeben, damit sie erneut einen Versuch unternahm. Im Verlauf desselben Tags ermordete General Roberto Viaux' Bande schließlich General René Schneider.

Dem späteren Urteil der chilenischen Militärgerichtsbarkeit zufolge fanden sich in dieser Greueltat Elemente beider Stränge des »Gleises zwei« wieder. Anders gesagt, Valenzuela war zwar nicht persönlich anwesend, doch zu dem Mordkommando, das Viaux anführte, gehörten auch Männer, die an den beiden vorangegangenen Versuchen beteiligt gewesen waren. Viaux wurde wegen Kidnappings und der Verschwörung zur Herbeiführung eines Putsches verurteilt. Valenzuela wurde wegen der Verschwörung zur Herbeiführung eines Putsches verurteilt. Jeder nachträgliche Versuch, die beiden Komplotte mit Ausnahme geringer Abweichungen voneinander zu trennen, stellt den Versuch dar, eine Unterscheidung zu konstruieren, wo es keine gibt.

Es macht tatsächlich keinen Unterschied aus, ob Schneider nun wegen einer fehlgeschlagenen Entführung ums Leben kam (seinen Attentätern zufolge soll er gar die Kühnheit besessen haben, sich zu wehren), oder ob seine Ermordung von vornherein geplant war. Die chilenische Militärpolizei jedenfalls meldete einen Mord. Den Gesetzen eines jeden Rechtsstaats zufolge (auch der USA) kommt ein Verbrechen, das bei dem Versuch einer Entführung begangen wird, erschwerend, nicht mildernd hinzu. Man kann also nicht neben einer Leiche stehen und sagen: »Aber ich habe ihn nur entführen wollen«, jedenfalls nicht, wenn man hofft, damit mildernde Umstände zu bekommen.

Doch genau auf diese Form von mildernden Umständen läuft die papierdünne Verschleierung hinaus, mit der sich Kissinger seither vor der Anschuldigung geschützt hat, Komplize der Entführung und des Mordes zu sein, und zwar sowohl vor als auch nach der Tat. Diese jämmerlichen Beschönigungen haben sogar Eingang in schriftlichen Unterlagen gefunden. Der Geheimdienstausschuß des Senats entschied bei seiner Untersuchung dieses Falls, daß es »keinen Beweis für einen Plan gibt, Schneider zu ermorden, oder dafür, daß offizielle Stellen der Vereinigten Staaten ausdrücklich davon ausgingen, daß Schneider bei der Entführung erschossen werden würde«, da die Maschinenpistolen, die Valenzuela übergeben worden waren, bei dem Mord nicht verwendet worden seien und die CIA General Viaux wenige Tage vor dem Mord offiziell davon abgeraten habe.

Walter Isaacson nimmt in seiner Kissinger-Biographie ein Memorandum für bare Münze, das Kissinger nach seinem Treffen mit Karamessines am 15. Oktober für Nixon angefertigt hatte; darin berichtet er dem Präsidenten vom Viaux-Komplott und schreibt, er habe »es abgeblasen«. Isaacson nimmt auch die Behauptung für bare Münze, daß Viaux' erfolgreicher Anschlag im Kern ohne Befehl von außen über die Bühne gegangen sei. Diese Ausreden und Entschuldigungen sind logisch so schwachbrüstig, wie sie moralisch verachtenswert sind. Henry Kissinger trägt die direkte Verantwortung für die Ermordung Schneiders, wie die folgenden Punkte belegen:

1. Brian MacMaster, einer der in den oben zitierten Telegrammen erwähnten »falschen Flaggoffizieren«, ein Berufsagent der CIA mit gefälschtem kolumbianischem Paß und der Tarnung, amerikanische Geschäftsinteressen in Chile zu vertreten, hat von seinen Bemühungen *nach* dem Attentat berichtet, »Schweigegelder« an inhaftierte Mitglieder der Gruppe Viaux zu übergeben, bevor diese die CIA mit hineinziehen konnten.
2. US-Oberst Paul M. Wimert, Militärattaché in Santiago und Hauptverbindungsmann der CIA zur Gruppe Valenzuela, hat ausgesagt, daß er nach der Ermordung Schneiders eilig die Zahlungen von jeweils 50 000 Dollar von Valenzuela und seinem Partner zurückgefordert habe ebenso wie die drei »sauberen« Maschinenpistolen. Danach sei er auf schnellstem Weg in das chilenische Hafenstädtchen Vina del Mar gefahren und habe die Maschinenpistolen ins Meer geworfen. Sein Komplize bei dieser Aktion, CIA-Dienststellenleiter Henry Hecksher, hatte Washington nur wenige Tage zuvor versichert, daß *entweder* Viaux *oder* Valenzuela in der Lage seien, Schneider zu eliminieren und damit einen Putsch auszulösen.

3. Schauen wir uns noch einmal das Memorandum Weißes Haus/Kissinger vom 15. Oktober an, ebenso wie die hartnäckig wörtliche Art, wie es nach Chile übermittelt wurde. In nicht einem einzigen Punkt ist es dazu geeignet, Viaux »abzuschalten«. Wenn überhaupt, dann heizte es ihn – einen für seine Prahlerei bekannten Fanatiker – eher an, seine Anstrengungen zu verdoppeln. Im Rest des Telegramms ist offen von der Absicht die Rede, »ihn von *Einzelaktionen* abzuhalten«, »ihn weiter zu *ermutigen*, seine Planungen fortzusetzen« und »ihn zu *ermutigen*, sich mit anderen Putschisten zusammenzutun, damit sie vor oder nach dem 24. Oktober gemeinsam handeln können« (Hervorhebung durch den Autor). Diese drei Punkte stellen vollkommen korrekte, um nicht zu sagen vorwegnehmende Beschreibungen dessen dar, was Viaux schließlich tat.
4. Nehmen wir uns noch einmal das Telegramm vor, das Henry Hecksher am 20. Oktober erhielt und in dem ängstliche Anfragen »von hoher Stelle« hinsichtlich des ersten fehlgeschlagenen Attentats auf Schneider erwähnt werden. Thomas Karamessines sagte bei seiner Befragung vor dem Geheimdienstausschuß des Senats zu der gleichen Formulierung in einem ähnlichen Telegramm an einen anderen CIA-Agenten in Santiago aus, er sei sich ziemlich sicher, daß der Ausdruck »hohe Stelle« sich direkt auf Kissinger beziehe. Wie ein kurzer Blick auf die bisher erwähnten Telegramme aus Washington zeigt, entspricht dies in allen Fällen der Wahrheit. Dies allein genügt schon, um Kissingers Behauptung,

»Gleis zwei« am 15. Oktober »abgestellt« zu haben, vom Tisch zu fegen.

5. Botschafter Edward Korry wies später auf den offenkundigen Punkt hin, daß Kissinger versucht habe, sich für den Fall des Scheiterns der Gruppe Viaux ein Papieralibi zurechtzulegen. »Er interessierte sich nicht für Chile, sondern nur dafür, wem was zur Last gelegt werden könnte. Er wollte, daß ich alle Schuld auf mich nähme. Henry wollte nicht mit einer Niederlage in Verbindung gebracht werden und war geradezu wild erpicht darauf, dem Außenministerium die Schuld zuzuweisen. Er brachte mich zum Präsidenten, weil er wollte, daß ich sagte, was ich über Viaux zu sagen hatte; er wollte mich als Schlappschwanz dastehen lassen.«

Das Konzept, jegliche Verantwortung abzustreiten, wurde 1970 in Washington noch nicht so verstanden, wie dies heute der Fall ist. Klar ist: Kissinger wollte zwei Dinge gleichzeitig. Er wollte General Schneider aus dem Weg räumen, egal wie und egal durch wen (es hat niemals Anweisungen aus Washington gegeben, Schneider unverletzt zu lassen; per Diplomatenpost wurden tödliche Waffen versandt, und gewaltbereite Männer wurden sorgfältig ausgesucht, die diese Waffen erhalten sollten). Und er wollte sich aus der Sache heraushalten für den Fall, daß das Attentat aufgedeckt werden oder fehlschlagen sollte. Dies sind die üblichen Beweggründe von jedem, der einen Mord deckt oder ihn anstiftet. Für Kissinger war die Tat selbst nur unwesentlich wichtiger als die Möglichkeit, jede Verantwortung von sich zu weisen. Ohne darauf warten zu müssen, bis seine vielen geheimgehaltenen Unterlagen der Öffentlichkeit vorgelegt oder unter Strafandrohung angefordert werden, können wir mit Sicherheit sagen, daß er sich augenscheinlich der direkten Beteiligung an der Ermordung eines verfassungstreuen Offiziers eines friedlichen, demokratischen Landes schuldig gemacht hat.

Es gibt keinen besonderen Grund, die Beteiligung der Regierung Nixon-Kissinger an der wirtschaftlichen und politischen Unterwanderung und Destabilisierung der Regierung Allende über das Gesagte hinaus darzustellen, auch nicht ihre Rolle bei der Schaffung der günstigen Voraussetzungen für den Militärputsch, der am 11. September 1973 stattfand. Kissinger war wahrscheinlich persönlich nicht mehr oder weniger an diesen Bemühungen beteiligt als jeder andere hohe Beamte im Dunstkreis von Nixons Nationalem Sicherheitsrat. Am 9. November 1970 verfaßte Henry Kissinger das Beschlußprotokoll 93 des Nationalen Sicherheitsrats, in dem die amerikanische Außenpolitik gegenüber Chile nach Salvador Allendes Bestätigung als Präsident neuerlich geprüft wurde. Verschiedene Routinemaßnahmen wirtschaftlicher Schikanen (gemäß Nixons Anweisung »die Wirtschaft schreien« zu lassen) sowie das Aussetzen von Hilfsleistungen und Investitionen wurden vorgeschlagen. Wichtiger jedoch war, daß Kissinger befürwortete, »enge Beziehungen« zu militärischen Führern in Nachbarländern zu unterhalten, um einerseits die Koordination des äußeren Drucks auf Chile und andererseits die Entwicklung einer Opposition im Land selbst zu ermöglichen. In groben Zügen nimmt dies die Enthüllungen vorweg, die seitdem über die *Operation Condor* bekannt geworden sind: eine geheime Absprache unter den Militärdiktaturen der Südhalbkugel, betrieben mit Wissen und Billigung der Regierung der Vereinigten Staaten.

Der eigentliche Sturz der Regierung Allende durch einen blutigen Staatsstreich fand am 11. September 1973 statt, während sich Kissinger einem Bestätigungsverfahren als Außenminister durch den Senat unterzog. Er versicherte dem Auswärtigen Ausschuß fälschlicherweise, daß die Regierung der Vereinigten Staaten nicht am Staatsstreich beteiligt sei. Aus einer Fülle fundierter Belege für das Gegenteil könnte man den Lagebericht Nr. 2 der *Navy Section* der *United States Military Group* in Chile wählen, verfaßt vom amerikanischen Marineattaché Patrick J. Ryan. Mr. Ryan beschreibt seine enge Beziehung zu den Offizieren, die am Sturz der Regierung beteiligt waren, bejubelt den 11. September 1973 als »unseren D-Day*« und bemerkt mit großer Genugtuung, daß »der chilenische Staatsstreich [sic] nahezu perfekt war«. Man kann auch die inzwischen freigegebenen Akten über das *Project FUBELT* lesen – der Deckname, unter dem die CIA, in ständiger Verbindung mit Kissinger und dem *40 Committee*, Geheimoperationen gegen die rechtmäßig gewählte Regierung Chiles durchführte.

Bemerkenswerter ist jedoch die geradezu mikroskopische Akribie, mit der Kissinger sich nach dem Staatsstreich über Augusto Pinochets Greueltaten auf dem laufenden hielt. Dies verweist auf eine viel direktere Mittäterschaft an einzelnen Verbrechen gegen die Menschlichkeit.

Am 16. November liefert der stellvertretende Außenminister Jack B. Kubisch einen detaillierten Bericht über die Exekutionspraktiken der chilenischen Junta, den »Sie per Telegramm aus Tokio angefordert haben«, wie er dem neuen Außenminister mitteilt. Das Memorandum klärt Kissinger in verschiedener Hinsicht über die ersten neunzehn Tage von Pinochets Herrschaft auf. So erfahren wir, daß während dieser Zeitspan-

---

* Der D-Day bezeichnet den Tag des Angriffs bei großen Militäraktionen. Hier ist offenbar der Tag der alliierten Invasion an der deutsch besetzten Atlantikküste am 6. Juni 1944 gemeint; A. d. Ü.

ne insgesamt 320 standrechtliche Erschießungen durchgeführt wurden. (Dies steht im Gegensatz zu der veröffentlichten Zahl von 100 und beruht auf »einem internen vertraulichen Bericht für die Junta«, der amerikanischen Beamten offensichtlich bekannt war.) Die Sache von der positiven Seite aus betrachtet:

> »Am 14. November gaben wir unseren zweiten CCC-Kredit* an Chile bekannt – 24 Millionen Dollar für Futtermais. Unsere langjährige Verpflichtung, zwei überzählige Zerstörer an die chilenische Marine zu liefern, ist bei Beratungen im Senat auf einiges Wohlwollen gestoßen. Unterdessen sind uns von den Chilenen mehrere neue Anfragen nach umstrittener militärischer Ausrüstung eingegangen.«

Alsdann schneidet Kubisch die heikle Frage nach zwei von der Junta ermordeten amerikanischen Staatsbürgern an – Frank Teruggi und Charles Horman. Noch heute, mehr als ein Vierteljahrhundert danach, versuchen die Familien der Toten Einzelheiten über ihr Schicksal herauszufinden. Warum diese Suche so lange dauert, kann vielleicht aus einem Telegramm vom 11. Februar 1974 geschlossen werden, in dem über eine Besprechung mit dem Außenminister der Junta berichtet wird, daß Kubisch die Frage der vermißten Amerikaner »im Zusammenhang mit der Notwendigkeit, vergleichsweise geringfügige Probleme in unserer Beziehung daran zu hindern, unsere Zusammenarbeit schwerer zu machen«, angesprochen habe.

---

* CCC: Commodity Credit Corporation; die CCC wurde in den dreißiger Jahren als Überbrückungsgesellschaft für notleidende Bauern gegründet. Sie betätigt sich seit langem auch in der Entwicklungspolitik; A. d. Ü.

Um über diesen Umweg auf die *Operation Condor* zurückzukommen: *Condor* war ein Apparat zur Begehung grenzüberschreitender Mordanschläge, Entführungen, Folterungen und Einschüchterungen durch die Geheimpolizeien von Pinochets Chile, Stroessners Paraguay, Videlas Argentinien und weiteren Militärdiktaturen der Region. Heute ist bekannt, daß diese internationale Todesschwadron für den Mord an dem chilenischen General und Regimekritiker Carlos Prats (und seiner Frau) in Buenos Aires verantwortlich ist, für den tödlichen Anschlag auf den bolivianischen General Juan José Torres, ebenfalls in Argentinien, und für die Verstümmelung des chilenischen christdemokratischen Senators Bernardo Leighton durch ein Bombenattentat in Italien – um nur die prominentesten Opfer zu nennen. Ein *Condor*-Team zündete im September 1976 in der Innenstadt von Washington (D. C.) eine Autobombe, die den früheren chilenischen Außenminister Orlando Letelier und seinen Berater Ronni Moffitt tötete.

Die Mittäterschaft der amerikanischen Regierung in jeder Verästelung dieses Netzes ist längst aufgedeckt worden. So gilt zum Beispiel als bewiesen, daß das FBI Pinochet Hilfe leistete bei der Festnahme von Jorge Isaac Fuentes de Alarcón, der in Paraguay gefangengehalten, gefoltert und anschließend der chilenischen Geheimpolizei übergeben wurde, woraufhin er einfach »verschwand«. Erstaunlicherweise versprach der amerikanische Geheimdienst führenden Köpfen des *Condor* die Überwachung regimekritischer lateinamerikanischer Flüchtlinge in den Vereinigten Staaten.

Diese und andere Tatsachen haben die Untersuchungskommissionen bewiesen, die demokratische Kräfte nach dem Ende der Diktatoren Lateinamerikas einsetzten. Stroessner wurde inzwischen gestürzt, Videla sitzt in Haft, Pinochet und seine Spießgesellen werden oder wurden bereits in Chile zur Rechenschaft gezogen. Und was ist mit Kissinger? Sämtliche genannten Verbrechen, und darüber hinaus noch viele weitere, wurden unter Kissingers »Aufsicht« in seiner Amtszeit als Außenminister begangen. Und ausnahmslos waren und sind sie sowohl nach amerikanischem wie auch nach internationalem Recht strafbar. Weder er selbst noch seine Verteidiger können behaupten, ihm sei die wahre Lage gleichgültig gewesen beziehungsweise er habe nichts von ihr gewußt. 1999 wurde ein geheimes Memorandum freigegeben, das entsetzliche Details einer vertraulichen Unterredung zwischen Kissinger und Pinochet enthüllt, die am 8. Juni 1976 in Santiago de Chile geführt wurde. Die Begegnung fand einen Tag vor Kissingers Rede vor der Organisation Amerikanischer Staaten (OAS) statt. Sie befaßte sich mit Fragen der Menschenrechte. Kissinger gab sich große Mühe, Pinochet zu erklären, daß die wenigen rein formellen Bemerkungen, die er zu diesem Thema abgeben werde, auf gar keinen Fall ernst genommen werden sollten. Mein Freund Peter Kornbluh hat mir den Gefallen getan, dieses Gesprächsprotokoll mit dem Bericht über das Treffen zu vergleichen, den Kissinger im dritten Band seiner Memoiren liefert.

Die Memoiren:
»Beträchtliche Zeit meiner Unterredung mit Pinochet war den Menschenrechten gewidmet, die in der Tat das größte Hindernis für enge Beziehungen der Vereinigten Staaten zu Chile darstellten. Ich skizzierte die wesentlichen Punkte meiner Ansprache vor der OAS, die ich am folgenden Tag halten würde. Pinochet gab keinerlei Kommentar dazu ab.«

Das Gesprächsprotokoll:
»Ich werde ganz allgemein auf die Menschenrechte eingehen, auf Menschenrechte im globalen Rahmen. In zwei Absätzen

werde ich auf den Chilebericht der Menschenrechtskommission der OAS eingehen. Ich werde sagen, daß das Thema Menschenrechte die Beziehungen zwischen den USA und Chile negativ beeinträchtigt hat. Dies liegt teilweise an Maßnahmen des Kongresses. Ich werde sodann meiner Hoffnung Ausdruck verleihen, daß Sie diese Hindernisse in Kürze ausräumen werden. (...) Weniger kann ich nicht tun, ohne eine Reaktion in den USA zu provozieren, die zwangsläufig zu Einschränkungen durch die Legislative führen. Meine Ansprache ist nicht gegen Chile gerichtet. Das wollte ich Ihnen sagen. Meiner Einschätzung nach sind Sie ein Opfer aller linksgerichteten Gruppen dieser Welt, und Ihre größte Sünde besteht darin, eine Regierung gestürzt zu haben, die kurz davor stand, kommunistisch zu werden.«

Die Memoiren:
»Ich glaubte, als Außenminister die Verpflichtung gehabt zu haben, vermittels einer Politik des Verständnisses für Pinochets Belange die chilenische Regierung zu mehr Demokratie zu ermuntern. (...) Pinochet erinnerte mich daran, daß ›Rußland seine Leute zu 100 Prozent unterstützt. Wir stehen hinter Ihnen. Sie sind der Anführer. Aber Sie haben für Ihre Freunde nur ein Strafsystem übrig.‹ Ich kehrte zu meinem eigentlichen Thema zurück, daß nämlich jede größere Hilfe unsererseits realistisch gesehen von Fortschritten in Fragen der Menschenrechte abhängt.«

Das Gesprächsprotokoll:
»An Ihren Worten ist durchaus etwas dran. Es ist eine sonderbare Zeit in den USA. (...) Es ist bedauerlich. Wir haben Vietnam und Watergate durchgemacht. Wir müssen bis zu den Wahlen [von 1976] warten. Wir haben den Sturz der kommu-

nistisch orientierten Regierung hier begrüßt. Es liegt uns nichts daran, Ihre Position zu schwächen.«

Pinochet erwähnte zweimal abfällig den im Exil lebenden chilenischen Oppositionsführer Orlando Letelier und beschuldigte ihn, den Kongreß der Vereinigten Staaten vorsätzlich in die Irre zu führen. Wie zu sehen, bestand Kissingers Antwort darin, sich für den Kongreß zu entschuldigen und (in einer kleinen Wiederholung seiner 1968 in Paris im Hinblick auf Vietnam benutzten Taktik) anzudeuten, daß der Diktator nach den bevorstehenden Wahlen auf bessere Zeiten hoffen könne. Drei Monate später kam Letelier in Washington durch eine Autobombe ums Leben. Es war das einzige Attentat, das jemals in der Hauptstadt der USA von Agenten eines ausländischen Regimes begangen wurde (und im übrigen ein Zwischenfall, der in Kissingers Memoiren an keiner Stelle erscheint). Der für die Durchführung des Verbrechens Verantwortliche, der chilenische Geheimdienstgeneral Manuel Contreras, hat inzwischen in einer eidesstattlichen Erklärung ausgesagt, er habe nur auf ausdrücklichen und persönlichen Befehl Pinochets gehandelt. Er sitzt weiterhin im Gefängnis und fragt sich zweifellos, warum er seinem Vorgesetzten vertraute.

»Ich möchte, daß sich unsere Beziehungen und unsere Freundschaft positiv weiterentwickeln«, sagte Kissinger zu Pinochet (allerdings nicht den Lesern seiner Memoiren). »Wir möchten Ihnen helfen und Sie nicht schwächen.« Indem er einem Mörder und Despoten, dessen Herrschaft zu installieren er behilflich gewesen war, nahelegte, seine bevorstehenden Bemerkungen als Beschwichtigungen für den amerikanischen Kongreß zu verstehen und nicht weiter zu beachten, beleidigte Kissinger die Demokratie beider Länder. Außerdem gab er damit grünes Licht zu weiterem internationalem und nationalem

Terrorismus, was ihm wohl bekannt gewesen sein muß. (In seinen Memoiren erwähnt er Pinochets »antiterroristischen Geheimdienst«.) Er intrigierte weiter mit Pinochet gegen den amerikanischen Kongreß, der damals in Erwägung zog, Waffenverkäufe an Länder, die die Menschenrechte mißachteten, mit Hilfe des *Kennedy Amendment* auszusetzen. Dazu bemerkte Kissinger kriecherisch:

> »Ich weiß nicht, ob Sie mein Telefon abhören, aber falls Sie es tun, werden Sie ja gerade erst mitbekommen haben, daß ich nach Washington Anweisung gegeben habe [, das Kennedy Amendment abzulehnen], und wenn wir es ablehnen, dann werden wir die F-5Es* wie vereinbart liefern.«

Es lohnt sich, diesen Abschnitt gut im Gedächtnis zu behalten, läßt sich mit ihm doch hervorragend das bei Kissinger typische Verhältnis zwischen Wahrheit und Unwahrheit in seinen handwerklich schlecht gemachten Memoiren aufschlüsseln. (Dies ist übrigens auch ein schwerwiegender Vorwurf an die Adresse seiner Verleger bei Simon & Schuster und Weidenfeld & Nicolson.) Gestützt auf diesen Abschnitt, sollte Kongreßmitgliedern und Menschenrechtsorganisationen eindringlich ans Herz gelegt werden, die unvollständigen Untersuchungen und die immer wieder verhinderten Ermittlungsverfahren über die vielfältigen Verbrechen dieser Zeit erneut aufzunehmen. Schließlich und im Licht von Chiles Rückkehr zur Demokratie und der Entscheidung chilenischer Gerichte, nach Wahrheit und Gerechtigkeit zu streben, weist diese Passage auch Kissingers

---

* F-5Es: ein amerikanisches Kampfflugzeug; A. d. Ü.

unverschämte Beleidigung hinsichtlich der »Verantwortungslosigkeit« eines anständigen und menschlichen Volkes zurück, das durch ihn erheblich mehr erlitten hat, als nur beleidigt zu werden.

Ein Nachwort zu Chile

Eine Daumenregel in Washington lautet, daß jede späte Freigabe von Akten durch die Bürokratie Material enthält, das noch schlimmer ist, als selbst Zyniker ahnten. Im September 2000 rückte die CIA mit den Ergebnissen einer internen Untersuchung über Chile heraus, die sie aufgrund des *Hinchey Amendment* zum *Intelligence Authorization Act* für das Haushaltsjahr vorlegen mußte. Selbst die abgehärtetsten Kritiker und Ermittler konnten nur noch staunen:

> »*Unterstützung eines Staatsstreichs im Jahr 1970.* Unter ›Gleis zwei‹ der Strategie wollte die CIA einen Staatsstreich anstiften, um Allende nach seinem Sieg bei den Wahlen vom 4. September und noch vor der durch die Verfassung vorgeschriebenen Bestätigung durch den chilenischen Kongreß, da er keine absolute Mehrheit erreicht hatte, am Amtsantritt zu hindern. Die CIA arbeitete mit drei verschiedenen Verschwörergruppen zusammen. Alle drei Gruppen ließen keinen Zweifel daran, daß ein Staatsstreich auch die Entführung des Oberbefehlshabers der Armee, René Schneider, unabdingbar machen würde, der die feste Überzeugung vertrat, daß die Verfassung von der Armee verlangte, Allende zu erlauben, die Macht zu übernehmen. Die CIA schloß sich dieser Beurteilung an. Obwohl die CIA einer dieser Gruppen Waffen lieferte, haben wir keiner-

> lei Hinweise dafür gefunden, daß es in der Absicht der Verschwörer oder der CIA lag, den General zu töten. Der Kontakt zu einer Verschwörergruppe wurde aufgrund ihrer extremistischen Tendenzen bereits zu einem frühen Zeitpunkt eingestellt. Die CIA versorgte die zweite Gruppe, die den General beim Angriff tödlich verletzte, mit Tränengas, Maschinenpistolen und Munition. Die CIA hatte diese Gruppe zuvor zur Durchführung eines Staatsstreichs ermutigt, zog ihre Unterstützung jedoch vier Tage vor dem Angriff zurück, weil die Gruppe, so die Beurteilung der CIA, den Staatsstreich nicht erfolgreich durchführen konnte.«

Dies wiederholt die alte, gezielt in die Welt gesetzte Ente, man habe nur eine Entführung geplant und keinen Mord, und wirft erneut die faszinierende Frage auf: Was wollte die CIA mit General Schneider anstellen, nachdem sie ihn erst einmal entführt hatte? (Man beachte auch die bemühte Passivität, wonach der Bericht »keinerlei Hinweise darauf gefunden [hat], daß es in der Absicht der Verschwörer oder der CIA lag, den General zu töten«. Was würde diesem seltsamen Kriterium genügen?) Doch dann erfahren wir von der angeblich ungebärdigen Bande, die ihre Anweisungen tatsächlich ernst nahm:

> »Im November 1970 setzte sich ein Mitglied der Viaux-Gruppe, das der Festnahme entging, erneut mit der CIA in Verbindung und bat um finanzielle Unterstützung für die Gruppe. Obwohl der Dienst keinerlei Verpflichtungen gegenüber der Gruppe hatte, da diese ja auf eigene Faust agierte, wurden in dem Bemühen, die früheren Kontakte geheimzuhalten und sich das Wohl-

> wollen der Gruppe zu bewahren, aus humanitären Gründen 35 000 Dollar transferiert.«

»Humanitäre Gründe«. Man muß den Einfallsreichtum dieser Erklärung schon bewundern. Nach dem Preisniveau von 1970 waren 35 000 Dollar in Chile eine beträchtliche Summe. Wohl kaum ein Betrag, den ein Dienststellenleiter vor Ort einfach so auf eigene Verantwortung auszahlen konnte. Man möchte gern wissen, auf welcher Grundlage das *40 Committee* und sein wachsamer Vorsitzender, Henry Kissinger, entschieden, sich am besten von einer angeblich unberechenbaren Bande zu trennen, indem man ihr ein kleines Vermögen in bar auszahlte, nachdem sie einen kaltblütigen Mord begangen hatte.

Die gleiche Frage erhebt sich noch deutlicher bei einer anderen Enthüllung, die die CIA in demselben Bericht macht. Überschrieben ist dieser Passus mit »Beziehung zu Contreras«. Manuel Contreras war der Chef von Pinochets geheimer Militärpolizei, und in dieser Eigenschaft organisierte er sowohl die Folterung, die Ermordung und das »Verschwinden« von unzähligen Chilenen als auch den Einsatz von Bomben und anderen Attentatstechniken an so weit entfernten Orten wie Washington (D. C.). Die CIA räumt bereits früh in ihrem Bericht ein, daß sie

> »kooperative Beziehungen in Chile mit dem primären Ziel unterhielt, sich bei der Einholung von Informationen über externe Ziele Hilfe zu sichern. Die CIA bot den dortigen Diensten Unterstützung bei der inneren Organisation und Ausbildung an, um gegen Subversion und Terrorismus aus dem Ausland zu kämpfen, nicht um Regierungsgegner im eigenen Land zu bekämpfen.«

Solche platten Aussagen, beruhend auf einer Unterscheidung zwischen »externen Zielen« und dem häßlicheren Geschäft der diktatorischen Unterdrückung im Inland, fordert die folgende Frage geradezu heraus: Welche äußere Bedrohung? Chile hatte keine ausländische Feinde, abgesehen von Argentinien, das chilenische Rechte auf Schiffahrtswege im Beaglekanal bestritt. (Chile unterstützte Maggie Thatcher im Falklandkrieg von 1982.) Und auch in Argentinien war die CIA, wie wir wissen, damit beschäftigt, das Überleben des Militärregimes zu sichern. Nein, Chile hatte keine nennenswerten äußeren Feinde, aber die Pinochet-Diktatur hatte sehr viele äußere Gegner. Dies waren die zahlreichen Chilenen, die gezwungen worden waren, ihr Land zu verlassen. Manuel Contreras' Job bestand darin, unerbittlich Jagd auf sie zu machen. Wie der Bericht es ausdrückt:

> »Während eines Zeitraums zwischen 1974 und 1977 unterhielt die CIA Kontakte zu Manuel Contreras, der später wegen seiner Beteiligung an Menschenrechtsverletzungen traurige Berühmtheit erlangte. Washingtoner Regierungskreise hielten den Kontakt der CIA zu Contreras im Hinblick auf seine Stellung als Chef der bedeutendsten Geheimdienstorganisation in Chile für erforderlich, um den Auftrag der CIA zu erfüllen, trotz der Bedenken, daß diese Beziehung die CIA dem Vorwurf aussetzen könnte, innere politische Unterdrükkung zu unterstützen.«

Nach einigem Hin und Her über diese künstliche Unterscheidung (zwischen »externer« und »interner« Polizeitaktik) konstatiert der CIA-Bericht offen:

> »Im April 1975 ergab sich aus Geheimdienstberichten, daß Contreras das wesentliche Hindernis für eine vernünftige Menschenrechtspolitik innerhalb der Junta darstellte, doch ein dienstübergreifender Ausschuß wies die CIA an, weiterhin Beziehungen zu Contreras zu pflegen. Der amerikanische Botschafter in Chile drängte den amtführenden Direktor der CIA [General Vernon] Walters, im Interesse der Wahrung guter Beziehungen zu Pinochet, Contreras in Washington zu empfangen. Im August 1975 fand dieses Treffen mit dienstübergreifender Billigung statt.
>
> Im Mai und Juni 1975 empfahlen Kreise innerhalb der CIA, eine finanziell geförderte Beziehung zu Contreras herzustellen, um, beruhend auf dessen einzigartiger Position und Nähe zu Pinochet, Informationen zu erlangen. Dieser Vorschlag wurde abgelehnt unter Berufung auf die Grundsätze der US-Regierung zu verdeckten Beziehungen mit dem Chef eines Geheimdienstes, der berüchtigt war für seine Menschenrechtsverletzungen. Aufgrund mangelhafter Kommunikation bei der Weitergabe dieser Information wurde eine einmalige Zahlung an Contreras geleistet.«

Dies erfordert keine tiefschürfende Analyse. Einige Zeit, nachdem die CIA selbst zu dem Schluß gelangt war, daß Manuel Contreras das »wesentliche Hindernis für eine vernünftige Menschenrechtspolitik« darstellte, erhielt er das Geld amerikanischer Steuerzahler und wurde von hohen Washingtoner Kreisen empfangen. Das CIA-Memorandum legt Wert auf die Feststellung, daß, sofern Zweifel existierten, diese durch »Washingtoner Regierungskreise« und durch einen »dienstübergreifenden Ausschuß« zum Verstummen gebracht wurden. Weiterhin versucht es mit unfreiwilligem Humor darzulegen, daß dem Chef eines mordgierigen ausländischen Geheimdienstes irrtümlicherweise ein beträchtliches Bestechungsgeld gezahlt wurde. Da fragt man sich doch, wer für diesen Fauxpas gemaßregelt wurde und wie er der Überprüfung durch das *40 Committee* entgehen konnte.

Der Bericht widerspricht sich zudem selbst: An einer Stelle wird festgestellt, daß Contreras' Auslandsaktivität einerseits undurchsichtig war, und an einer anderen heißt es, daß

> »innerhalb eines Jahres nach dem Staatsstreich die CIA und andere US-Regierungsbehörden Kenntnis von bilateralen Kooperationen regionaler Geheimdienste hatten, um die Aktivitäten von politischen Gegnern zu verfolgen und diese, zumindest in einigen Fällen, zu töten. Dies war der Vorläufer der *Operation Condor*, einer 1975 getroffenen Vereinbarung zwischen Chile, Argentinien, Brasilien, Paraguay und Uruguay, Informationen auszutauschen.«

Jetzt wissen wir es also: Die Internationalisierung des Todesschwadronprinzips war amerikanischen Geheimdiensten und ihren politischen Herren während zweier Regierungen bekannt und wurde von ihnen gebilligt. Die ranghöchste daran beteiligte Person war in beiden Regierungen Henry Kissinger. Welcher »dienstübergreifende Ausschuß« auch immer gemeint ist, ob das *40 Committee* oder der dienstübergreifende Ausschuß zu Chile – stets landen wir an ein und derselben Stelle.

Bei seinem Ausscheiden aus dem Außenministerium machte Kissinger ein ungewöhnliches Geschäft. Er vermachte seine Unterlagen der Kongreßbibliothek (nachdem er sie zunächst zur sicheren Verwahrung eilig zum Familiensitz der Rockefellers in Pocantico Hills, New York, geschafft hatte) unter der einzigen Bedingung, daß sie noch fünf Jahre nach seinem Tod unter Verschluß bleiben sollten. Kissingers Freund Manuel Contreras beging jedoch einen Fehler, als er bei dem Autobombenattentat in Washington, bei dem 1976 Orlando Letelier ums Leben kam, einen amerikanischen Staatsbürger tötete: Ronni Karpen Moffitt. Ende 2000 hatte das FBI endlich einen Gerichtsbeschluß erwirkt, um die Dokumente in der Kongreßbibliothek einzusehen, eine richterliche Anordnung, mit der sich Kissinger ausschließlich über seine Anwälte befaßte. Immerhin ein Anfang, aber ziemlich jämmerlich, verglichen mit den Anstrengungen der Wahrheits-und-Gerechtigkeits-Ausschüsse in Chile, Argentinien, Brasilien, Paraguay und Uruguay, Ländern, die sich inzwischen von den jahrelang mit Kissinger befreundeten Diktatoren befreit haben und sich um eine umfassende Aufklärung bemühen. Wir sehen dem Augenblick mit Interesse entgegen, an dem der Kongreß der Vereinigten Staaten vergleichbare Schritte unternimmt und endlich sämtliche versteckten Dokumente per Gerichtsbeschluß ans Tageslicht befördert, deren Geheimhaltung den freien Blick auf unbestrafte und in unserem Namen begangene Verbrechen verdeckt.

Zypern

Im zweiten Band seiner Memoiren (*Years of Upheaval*) empfindet Henry Kissinger die Zypernkrise von 1974 als so heikel, daß er beschließt, sie erst später zu beschreiben:

> »Eine umfassende Diskussion der Zypernepisode muß ich mir für eine andere Gelegenheit vorbehalten, denn sie reichte bis in die Präsidentschaft Fords, und deren Hinterlassenschaft ist bis zum heutigen Tag nicht erschlossen.«

Dies läßt auf eine gewisse Nervosität Kissingers schließen, schon weil ja auch die von ihm behandelten Themen Vietnam, Kambodscha, Naher Osten, Angola, Chile, China und die SALT-Verhandlungen ausnahmslos Hinterlassenschaften darstellen, die damals unerschlossen waren und es bis zum heutigen Tag sind. (Zu sagen, daß sich diese Angelegenheiten »bis in die Präsidentschaft Fords« erstreckten, besagt unter dem Strich überhaupt nichts, außer daß es dieses farblose Interregnum, historisch gesprochen, überhaupt gab.)

In einem Großteil seiner Schriften über sich selbst (und, so nimmt man an, im einem Großteil seiner Selbstdarstellungen vor seinen Kunden) bemüht sich Kissinger um den Eindruck eines Mannes, der in der Welt zu Hause ist und seine Belange stets im Griff hat. Es gibt allerdings eine Reihe von Gelegenheiten, bei denen es ihm in den Kram paßt, sich als eine Art

Candide* zu geben, der sich in all seiner Naivität von den Ereignissen überrollen läßt. Keine Frage, daß ihn diese Pose einiges an Selbstachtung kostet. Es ist außerdem eine Pose, die er häufig exakt bei jenen Episoden an den Tag legt, über die er nachweislich viel wußte und bei denen dieses Wissen oder gar Vorkenntnisse ihm Vorwürfe der Verantwortlichkeit oder Mittäterschaft einbringen würden.

Zypern 1974 ist ein solcher Fall. Kissinger behauptet im dritten Band seiner Memoiren daß er durch Watergate und das Dahinsiechen der Nixon-Präsidentschaft daran gehindert worden sei, sich rechtzeitig und fundiert für das äußerst wichtige Dreieck Griechenland, Türkei und Zypern zu interessieren. Dies ist ein recht seltsames Dementi: Der Begriff »Südflanke der NATO« war damals ein geopolitischer Allgemeinplatz von größter Bedeutung, und die Nähe Zyperns zum Nahen Osten war ein Faktor, der dem strategischen Denken Amerikas nicht entgangen war. Es gab keinen Grund, warum er wegen innenpolitischer Schwierigkeiten jener Region seine Aufmerksamkeit nicht schenken konnte. Mehr noch, der Zusammenbruch von Nixons Autorität, den Kissinger als Grund für seine Geistesabwesenheit anführt, stattete ihn in Wahrheit mit einer außerordentlichen Machtfülle aus. Um das Offensichtliche noch einmal zu formulieren: Als Kissinger 1973 Außenminister wurde, achtete er darauf, seinen Posten als »Sonderbeauftragten des Präsidenten für Angelegenheiten der nationalen Sicherheit« oder, wie wir heute sagen, als Nationaler Sicherheitsberater zu behalten. Dadurch wurde er zum ersten und einzigen Außenminister, der den Vorsitz des *40 Committee* innehatte, das verdeckte Aktionen der CIA prüfte und billigte. Unterdessen

---

* Candide: der Arglose, Aufrichtige, Held von Voltaires Erzählung »Candide oder der Optimismus« (1759); A. d. Ü.

bekleidete er als Vorsitzender des Nationalen Sicherheitsrats eine Position, bei der jeder wichtige Geheimdienstplan über seinen Schreibtisch wanderte. Sein früherer Vertreter im Nationalen Sicherheitsrat, Roger Morris, übertrieb nicht sonderlich, wenn überhaupt, als er sagte, daß Kissingers Doppelposition plus Nixons erodierende Macht ihn zu »nichts geringerem als dem amtierenden Staatschef für nationale Sicherheit« machte.

Wie uns aus anderen Quellen bekannt ist, war Kissinger nicht nur ein Mann, der stets alle Einzelheiten bis ins kleinste im Auge hatte, sondern auch eine besondere Neigung zu Intervention und schneller Reaktion hegte. In den Memoiren eines seiner engsten Vertrauten, Nixons Stabschef H. R. Haldeman, erfahren wir von einer Gelegenheit, bei der Kissinger fast eine Krise ausgelöst hätte, weil er wegen einiger Luftaufnahmen von Kuba ganz aufgeregt war (auf den Bildern waren frischangelegte Fußballfelder zu sehen, die Kissinger – der davon ausging, daß die Kubaner sich ausschließlich für Baseball interessierten – als Hinweise für einen neuen perfiden Plan der Russen hielt). Bei anderer Gelegenheit sprach er sich nach dem Abschuß eines amerikanischen Flugzeugs dafür aus, Nordkorea zu bombardieren, und schloß auch den Einsatz von Atombomben nicht aus. *The Ends of Power* (etwa: Die Enden der Macht), so der Titel von Haldemans Buch, stellt nur eine von vielen Zeugenaussagen dar, die Kissingers nie erlahmende Aufmerksamkeit möglichen Gefahrenquellen (und also möglicher Ehre für sich selbst) gegenüber dokumentieren.

Diese Vorbemerkung ist notwendig, wenn wir seine Selbstrechtfertigung in der Zypernfrage betrachten, eine Rechtfertigung, deren Glaubwürdigkeit ganz davon abhängt, ob wir Kissinger zugute halten, daß er vollkommen inkompetent, ohnmächtig und vor allem uninformiert war. Die Vehemenz, mit der er seine Selbstverleugnung vorbringt, spricht Bände. Dieser

Punkt ist wichtig, denn falls Kissinger tatsächlich Kenntnis von den Ereignissen hatte, die er beschreibt, dann macht er sich des geheimen Einverständnisses mit einem Attentatsversuch auf ein ausländisches Staatsoberhaupt schuldig, des Einverständnisses mit einem faschistischen Militärputsch, einer massiven Verletzung amerikanischen Rechts (in diesem Fall des *Foreign Assistance Act*, der den Einsatz amerikanischer Militärhilfe und amerikanischen Militärmaterials zu anderen Zwecken als der Verteidigung verbietet), des Einverständnisses mit zwei Invasionen, die internationalem Recht widersprachen, und des Einverständnisses mit der Ermordung und Vertreibung von Abertausenden von unbeteiligten Zivilisten.

Beim Versuch, diese Schlußfolgerung und ihre Implikationen abzuwehren, fordert Kissinger im zweiten und dritten Band seiner Memoiren sein Glück geradezu heraus. Im zweiten Band sagt er ziemlich unverblümt: »Mir war immer klar, daß die nächste Nationalitätenkrise auf Zypern eine Intervention der Türkei nach sich ziehen würde« – das heißt zumindest das Risiko eines Krieges innerhalb der NATO zwischen Griechenland und der Türkei heraufbeschwören und auf jeden Fall die Teilung der Insel bedeuten würde. Daß dies in der Tat allgemein bekannt war, kann von niemandem bezweifelt werden, der sich auch nur flüchtig mit den zypriotischen Verhältnissen auskannte. Im dritten Band seiner Memoiren (*Years of Renewal*), in dem Kissinger schließlich die Herausforderung annimmt, die er im zweiten Band stillschweigend von sich gewiesen hatte, fragt er den Leser wiederholt, warum jemand (wie er selbst, der so schwer mit Watergate beschäftigt war) »eine Krise im östlichen Mittelmeerraum zwischen zwei NATO-Verbündeten« angestrebt haben sollte.

Diese beiden unaufrichtigen Aussagen müssen im Licht einer dritten näher betrachtet werden, die auf Seite 199 von *Years of Renewal* auftaucht. Hier wird Präsident Makarios von Zypern ohne viel Drumherumreden als »die direkte Ursache der meisten zypriotischen Spannungen« beschrieben. Makarios war der demokratisch gewählte Führer einer mehr oder weniger unbewaffneten Republik, die zum damals einen Assoziationsvertrag mit der Europäischen Wirtschaftsgemeinschaft (EWG) hatte und zugleich Mitglied der Vereinten Nationen wie des Commonwealth war. Seine Regierung wurde von einer Militärdiktatur in Athen und einer hochmilitarisierten Regierung der Türkei in Frage gestellt, die Unabhängigkeit Zyperns von beiden bedroht; beide Regimes unterstützten rechtsradikale Verbrecherorganisationen auf der Insel, und beide planten, einen mehr oder minder großen Teil der Insel zu annektieren. Trotzdem hatten auf Zypern im Verlauf der siebziger Jahre die Gewalttätigkeiten zwischen den Volksteilen abgenommen. Die meisten Morde hatten ihre Urheber und Opfer in der gleichen Volksgruppe: Griechische nationalistische und antidemokratische Fanatiker töteten griechische Demokraten, türkische nationalistische und antidemokratische Fanatiker töteten türkische Demokraten. Griechische und griechisch-zypriotische Fanatiker hatten mehrere Attentate auf Präsident Makarios verübt. Seine Person als »die direkte Ursache« der meisten Spannungen zu beschreiben, kann nur als völlig abwegiges Werturteil bezeichnet werden.

Genau dieses abwegige Urteil liefert jedoch den Schlüssel für die Lüge, die im Zentrum von Kissingers Darstellung steht. Wenn die gewählte zivile Obrigkeit (und der geistliche Führer der griechisch-orthodoxen Bevölkerungsgruppe) die »direkte Ursache« von Spannungen ist, dann ist seine Beseitigung von der Bühne das auf der Hand liegende Rezept. Wenn man zeigen kann, daß es einen solchen Plan zur Beseitigung Makarios' gab und daß Kissinger im Vorfeld davon wußte, folgt daraus logischerweise, daß er offensichtlich nicht nach einer Krise strebte – was ihm zu glauben er uns selbstbemitleidend bittet –, sondern nach einer Lösung. Die Tatsache, daß er sich eine Krise einhandelte, die zugleich eine schreckliche Katastrophe für Zypern und die ganze Region bedeutete, ändert nichts an der logischen Schlußfolgerung. Der Plan, Makarios zu entfernen, und davon hing die »Lösung« ja ab, war in der Praxis ein Fehlschlag. Diejenigen, die dieses Mittel wollten, um das gewünschte Ergebnis herbeizuführen, spricht die Weigerung der Wirklichkeit, ihren Komplotten zu entsprechen, keineswegs von Schuld frei.

Anhand von Kissingers eigenen Aufzeichnungen und Erinnerungen wie auch der den Ereignissen folgenden offiziellen Untersuchung kann leicht gezeigt werden, daß er den Plan, Makarios abzusetzen und zu ermorden, sehr wohl vorher kannte. Er gibt dies auch selbst zu, wenn er bemerkt, daß der griechische Diktator Dimitrios Ioannides, Chef der Geheimpolizei, fest entschlossen war, auf Zypern einen Staatsstreich zu inszenieren und die Insel unter die Kontrolle Athens zu bringen. Dies gehört zu den allgemein bekannten Fakten der Situation, genauso wie die beschämende Tatsache, daß Brigadegeneral Ioannides auf die Militärhilfe und das politische Wohlwollen der Amerikaner angewiesen war. Sein Polizeistaat wurde aus dem Europarat und von der Aufnahme in die EWG ausgeschlossen. Er konnte sich vor allem deshalb an der Macht halten, weil er der 6. US-Flotte einen »Heimathafen« gab und eine Reihe von US-amerikanischen Luftwaffen- und Nachrichtendienststützpunkten duldete. Diese nachsichtige Politik war im Kongreß und der amerikanischen Presse ziemlich umstritten, und die Diskussion darüber gehörte lange vor dem Watergate-Drama zu Kissingers täglichem Brot.

Es war also *allgemein* bekannt, daß die griechische Diktatur, ein amerikanischer Kunde, Makarios' Sturz anstrebte und bereits versucht hatte, ihn zu töten oder töten zu lassen. (Umsturz und Attentat gehören in dieser Darstellung effektiv zusammen; es gab keine Möglichkeit, einen derart charismatischen Führer am Leben zu lassen, und jene, die seine Beseitigung anstrebten, forderten unweigerlich seinen Tod.) Es war Kissinger auch *im besonderen* bekannt. Der deutlichste Beweis dafür ist folgender: Im Mai 1974, zwei Monate vor dem Staatsstreich in der zypriotischen Hauptstadt Nikosia, von dem Kissinger später behauptete, die Nachricht habe ihn wie ein Schock getroffen, erhielt er ein Memorandum vom Chef seines Zypernressorts im Außenministerium, Thomas Boyatt. Boyatt faßte alle triftigen Gründe für die Überzeugung zusammen, daß ein Angriff der griechischen Junta auf Zypern und Makarios unmittelbar bevorstehe. Er argumentierte weiter, daß man in Athen von der Annahme ausgehen könnte, daß die Vereinigten Staaten diesbezüglich eine gleichgültige Haltung einnähmen, weil es keine amerikanischen Demarche gab, die die griechischen Herrscher ermahnte, davon Abstand zu nehmen. Und er fügte hinzu, was jeder wußte: daß ein solcher Staatsstreich zweifellos eine türkische Invasion auslösen mußte.

Memoranden, aus denen die vorherige Kenntnis gewisser Umstände einer Krise hervorgeht, sind hinterher in Washington Dutzendware; sie werden häufig erst dann zum erstenmal gelesen oder der Presse beziehungsweise dem Kongreß zugespielt, um den Ruf von Behörden zu verbessern (oder zu schützen). Doch Kissinger räumt ein, daß er dieses Dokument rechtzeitig zur Kenntnis genommen habe, als er zwischen Syrien und Israel hin- und herpendelte (beide Länder eine halbe Flugstunde von Zypern entfernt). Und doch wurde in seinem Namen oder mit seiner Vollmacht keinerlei Demarche an die griechische Junta gerichtet.

Kurze Zeit später, am 7. Juni 1974, zitierte der *National Intelligence Daily*, Frühstückslektüre aller ranghohen Beamten des Außenministeriums, des Pentagons und der Nationalen Sicherheit, einen amerikanischen Bericht, datiert vom 3. Juni, in dem die Ansichten des Diktators in Athen dargelegt wurden:

> »Ioannides behauptete, daß Griechenland in der Lage sei, Makarios und seine wesentlichen Unterstützer innerhalb von 24 Stunden mit geringem Blutvergießen, falls überhaupt, und ohne Hilfe der EOKA* zu entmachten. Die Türken würden der Beseitigung von Makarios, einem ihrer Hauptfeinde, stillschweigend zustimmen. (...) Ioannides konstatierte, daß, sollte sich Makarios für eine extreme Provokation Griechenlands entscheiden, um daraus einen taktischen Vorteil zu ziehen, er [Ioannides] sich nicht sicher sei, ob er lediglich die griechischen Truppen von Zypern abziehen sollte, um Makarios sich selbst zu überlassen, oder ob er Makarios ein für allemal beseitigen sollte, damit Griechenland direkt mit der Türkei über Zyperns Zukunft verhandeln könnte.«

Dieser Bericht und sein Inhalt wurden später vor dem Kongreß von CIA-Mitarbeitern bestätigt, die zu der fraglichen Zeit in Athen stationiert waren. Die Tatsache, daß Brigadegeneral Ioannides pathetisch und größenwahnsinnig zu sein schien – was er beides war –, hätte die augenfällige und unmittelbar bevorstehende Gefahr unterstreichen müssen.

---

* Die EOKA war eine griechisch-zypriotische faschistische Untergrundbewegung, die von der Junta bewaffnet und finanziert wurde.

Etwa zur gleichen Zeit erhielt Kissinger einen Anruf von Senator J. William Fulbright, dem Vorsitzenden des Senatsausschusses für auswärtige Angelegenheiten. Senator Fulbright war von einem führenden regimekritischen griechischen Journalisten in Washington namens Elias P. Demetracopoulos über den bevorstehenden Staatsstreich unterrichtet worden. Laut Demetracopoulos sagte Fulbright zu Kissinger, es müßten Schritte unternommen werden, die geplante Aktion abzuwenden, und er nannte drei Gründe dafür. Erstens würde es zumindest teilweise den moralischen Schaden wiedergutmachen, der durch die amerikanische Nachgiebigkeit gegenüber der Junta entstanden sei. Zweitens würde dies eine Konfrontation im Mittelmeerraum zwischen Griechenland und der Türkei abwenden. Drittens würde es das amerikanische Image auf der Insel verbessern. Kissinger lehnte die empfohlenen Schritte mit der merkwürdigen Begründung ab, daß er sich nicht in »innere Angelegenheiten« Griechenlands einmischen könne, während sich die Nixon-Regierung gleichzeitig dem Druck von Senator Henry Jackson widersetzte, den amerikanisch-sowjetischen Handel mit der freien Ausreise sowjetischer Juden zu verknüpfen. Ganz gleich, wie seltsam diese Argumentation auch immer sein mag, sie widerlegt Kissingers hartnäckige Behauptung, keinerlei Warnung erhalten zu haben.

Also gab es immer noch keine amerikanische Besorgnis auf hoher Ebene mit Blick auf Athen. Bisweilen wird dieser Umstand als ein Problem des Protokolls oder der Etikette dargestellt, so als ob Kissinger normalerweise nur geflüstert hätte und leise aufgetreten wäre. Ioannides war der Kopf des Regimes, genaugenommen war er jedoch lediglich Geheimpolizeichef. Für den US-Botschafter Henry Tasca war es schwierig, diplomatisch an einen Mann heranzutreten, den er als *Cop* beschrieb. An dieser Stelle möchte ich allerdings erneut daran erinnern, daß Henry Kissinger neben seinem hohen diplomatischen Status auch Vorsitzender des *40 Committee* war und damit die Aufsicht über verdeckte Aktionen hatte und unter Ausschluß der Öffentlichkeit mit einem Athener Regime verhandelte, das langjährige Beziehungen zur CIA unterhielt. Der Geheimdienstausschuß des Repräsentantenhauses formulierte das Problem später in einem Bericht recht geschickt wie folgt:

> »Tasca, dem vom Dienststellenleiter der CIA versichert worden war, daß Ioannides auch *weiterhin* allein mit der CIA verhandeln würde, und der die Beunruhigung des Ressortleiters des Außenministeriums nicht teilte, begnügte sich damit, dem griechischen Führer indirekt eine Nachricht zukommen zu lassen. (...) Es ist jedoch klar, daß die Botschaft keinerlei Schritte unternahm, um Ioannides gegenüber den ganzen Umfang der Besorgnis der USA bezüglich eines Staatsstreichversuchs auf Zypern zu betonen. Diese Episode, der exklusive Zugang der CIA zu Ioannides, Tascas Hinweise, daß er möglicherweise nicht sämtliche wichtigen Nachrichten zu und von der CIA-Dienststelle gesehen hat, Ioannides' Andeutungen einer stillhaltenden Zustimmung der USA und Washingtons allgemein bekannte kühle Haltung gegenüber Makarios haben zu Spekulationen in der Öffentlichkeit geführt, amerikanische Beamte könnten gegenüber den Berichten über die sich entwickelnde Krise entweder unaufmerksam gewesen sein oder aber schlicht und einfach zugelassen haben, daß es passierte.« (Hervorhebung durch den Autor)

Thomas Boyatts Memoranden, die präzise vor der Gefahr warnten (und die Ansichten mehrerer mittlerer Beamter an seiner Seite wiedergaben), wurden als geheim eingestuft und sind bis heute nicht freigegeben worden. Als er gebeten wurde, bei den vorgenannten Anhörungen auszusagen, untersagte ihm Kissinger zunächst, vor dem Kongreß zu erscheinen; schließlich erhielt er doch die Erlaubnis dazu, allerdings nur, um eine richterliche Vorladung wegen Mißachtung des Ausschusses zu vermeiden. Seine Aussage wurde in nichtöffentlicher Sitzung aufgenommen, Personal, Reporter und Besucher mußten den Sitzungssaal verlassen.

Die Lage verschärfte sich. Am 1. Juli 1974 reichten drei ranghohe Beamte des griechischen Außenministeriums, die bekannt waren für ihre gemäßigten Ansichten hinsichtlich der Zypernfrage, öffentlich ihren Rücktritt ein. Am 3. Juli schickte Präsident Makarios einen offenen Brief an die griechische Junta, in dem unumwunden der Vorwurf ausländischer Einmischung und Subversion erhoben wurde:

> »Um es unmißverständlich auszudrücken, ich sage, daß die Kader des griechischen Militärregimes die Aktivitäten der terroristischen EOKA-B-Organisation unterstützen und lenken. (...) Ich habe bislang mehr als einmal eine unsichtbare Hand gespürt und sie in einigen Fällen auch beinahe berührt, die sich von Athen aus ausstreckte und versuchte, mein Leben zu beenden.«

Er verlangte den Abzug der verantwortlichen griechischen Offiziere von Zypern.

Einige Tage nach dem Staatsstreich, der sich schließlich am 15. Juli 1974 ereignete, geriet Kissinger bei einer Pressekonferenz wegen seines offensichtlichen Versagens unter Beschuß. Auf den Vorwurf, den Putsch nicht vorausgesehen oder abgewendet zu haben, erwiderte Kissinger, daß »die Information nicht gerade auf der Straße herumlag«. Tatsächlich jedoch war es *fast* so. Sie hatte ihm rund um die Uhr zur Verfügung gestanden, sowohl in seiner diplomatischen als auch in seiner geheimdienstlichen Funktion. Seine Entscheidung, nicht zu handeln, stellte also eine eindeutige Entscheidung dar, etwas zu tun beziehungsweise tun zu lassen.

Dem Rest der Welt fielen an diesem Staatsstreich vor allem zwei Dinge auf. Zum einen war er von Athen aus angezettelt und mit Unterstützung der regulären griechischen Armee durchgeführt worden, was eine direkte Einmischung in die inneren Angelegenheiten eines Landes durch ein anderes darstellte. Zum anderen handelte es sich um eine eklatante Verletzung sämtlicher existierender Verträge, die den Status der Insel regelten. Die offensichtliche und anstößige Ungesetzlichkeit wurde von der Junta selbst peinlicherweise noch dadurch hervorgehoben, daß sie sich für einen berüchtigten chauvinistischen Gangster namens Nicos Sampson als ihren Marionettenpräsidenten entschied. Sampson dürfte dem Vorsitzenden des *40 Committee* als langjähriger Empfänger finanzieller Unterstützung durch die CIA bekannt gewesen sein; außerdem erhielt er Geld für seine in Nikosia erscheinende fanatische Tageszeitung *Makhi* (Kampf) von einem Strohmann der CIA in Athen, Savvas Constantonopoulos, Verleger des auf der Seite der Junta stehenden Organs *Eleftheros Kosmos* (Freie Welt). Während der kurzen neun Tage, in denen er an der Macht war und eine Mordkampagne gegen seine demokratischen griechischen Gegner entfesselte, wurde Sampson von allen europäischen Regierungen wie ein Aussätziger behandelt. Kissinger jedoch wies den amerikanischen Gesandten in Nikosia an, Sampsons »Außenminister« in genau dieser Funktion zu empfangen, wodurch die Vereinigten Staaten zum ersten und einzigen Staat wurden, die das neue Regime de facto anerkannten. (Zu diesem Zeitpunkt, sollte man unterstreichen, war der Verbleib von Präsident Makarios unbekannt. Sein Palast war unter starken Beschuß genommen worden; der Rundfunk der Junta hatte seinen Tod gemeldet. Tatsächlich aber war ihm die Flucht geglückt, und diese Tatsache konnte er wenige Tage später auch über die Medien verbreiten – zur gewaltigen Irritation gewisser hochrangiger Personen.) Übrigens berichtet der damalige Oberkommandierende der griechischen Streitkräfte, General Grigorios Bonanos, in seinen Erinnerungen, die 1986 in Athen unter dem Titel *Die Wahrheit* erschienen, daß der Angriff der Junta auf Zypern ihr eine Menge Unterstützung und Zustimmung einbrachte, die gegenüber ihrem Geheimdienst ausgedrückt wurde durch niemand anderen als Thomas A. Pappas höchstpersönlich – den auserwählten Verbindungsmann zwischen der Junta und der Regierung Nixon-Kissinger.

In Washington bestritt Kissingers Pressesprecher Robert Anderson kategorisch, daß der Staatsstreich – den Makarios später vor den Vereinten Nationen als »eine Invasion« bezeichnete – überhaupt eine ausländische Einmischung darstellte. »Nein«, erwiderte er auf eine direkte diesbezügliche Frage. »Unserer Ansicht nach hat es keine äußere Einmischung gegeben.« Dieser surrealen Position widersprach Kissinger nicht, als er sich mit dem zypriotischen Botschafter traf und es versäumte, die übliche Anteilnahme auszudrücken über den offiziell verkündeten Tod des Präsidenten – der »direkten Ursache« aller Unerfreulichkeiten, wie wir heute von Kissinger lernen. Auf die Frage, ob er die gewählte Regierung Makarios immer noch als rechtmäßige Regierung anerkenne, verweigerte Kissinger erstaunlicherweise hartnäckig die Antwort. Auf die Frage, ob die Vereinigten Staaten zu einer Anerkennung des Sampson-Regimes neigten, lehnte sein Sprecher ein Dementi ab. Als Senator Fulbright dem geflüchteten Makarios einen Besuch in Washington ermöglichte, wurde das Außenministerium gefragt, ob er von Kissinger »als Privatmann, als Erzbischof oder als Präsident von Zypern« empfangen werde. Die Antwort? »Er [Kissinger] trifft sich mit *Erzbischof* Makarios am Montag.« (Hervorhebung durch den Autor) Jede andere Regierung auf der Welt, mit Ausnahme der ziemlich schnell kollabierenden griechischen Obristendiktatur, erkannte Makarios als den rechtmäßigen Kopf der Republik Zypern an. Kissingers einseitige Haltung in diesem Punkt ist ohne diplomatisches Vorbild, ein starkes Argument für die Vermutung, er habe sich mit der Handvoll Schlagetots, die das genauso sahen, abgesprochen und hege Sympathien für sie.

Es muß betont werden, daß Makarios als rechtmäßig gewählter Präsident Zyperns nach Washington eingeladen worden war von Senator J. William Fulbright, in seiner Funktion als Mitglied des Senatsausschusses für auswärtige Angelegenheiten, und von dem Kongreßabgeordneten Thomas Morgan, Vorsitzender des außenpolitischen Ausschusses des Repräsentantenhauses. Das Verdienst der Einladung gebührt Elias P. Demetracopoulos, der bereits frühzeitig vor dem Staatsstreich gewarnt hatte und mit Fulbright befreundet war. Demetracopoulos war es auch, der Makarios die Einladung überbrachte, als dieser sich gerade in London mit dem britischen Außenminister traf. Diese Initiative war die Krönung zahlreicher gegen die Junta gerichteter Aktivitäten dieses Guerillajournalisten und Einmannbetriebs, der Kissinger bereits zutiefst verärgert hatte und bevorzugtes Objekt seiner Boshaftigkeit wurde. Im allerletzten Augenblick und nur äußerst widerwillig war Kissinger gezwungen, bekanntzugeben, daß er Makarios in seiner Eigenschaft als Präsident und nicht als kirchlicher Würdenträger empfing.

Da Kissinger selbst uns mitteilt, er habe schon immer gewußt oder angenommen, daß ein erneuter Ausbruch von Gewalttätigkeiten auf Zypern eine türkische Militärintervention nach sich ziehen würde, können wir davon ausgehen, daß es ihn kaum überraschte, als diese Intervention erfolgte. Er scheint darüber auch nicht sonderlich beunruhigt gewesen zu sein. Solange die griechische Junta an der Macht war, waren Kissingers Bemühungen grundsätzlich darauf ausgerichtet, sie vor Vergeltungsschlägen zu schützen. Er war gegen die Rückkehr von Makarios auf die Insel, und er war eindeutig gegen einen türkischen oder britischen Militäreinsatz, um den Staatsstreich rückgängig zu machen (Großbritannien war eine Garantiemacht mit vertraglicher Verpflichtung und Truppen auf Zypern). Genau diese entschlossene Trägheit oder Untätigkeit – umfänglich belegt sowohl in Kissingers Memoiren als auch in jenen von anderen – setzte sich später fort in gleichermaßen rigiden und wiederholten Warnungen vor allen Maßnahmen gegen eine türkische Invasion. Sir Tom McNally, damals Chefberater des britischen Außenministers und zukünftigen Premiers James Callaghan, hat inzwischen enthüllt, daß Kissinger in mindesten einem Fall sein Veto einlegte gegen eine britische Militäraktion, die einer türkischen Landung zuvorkommen sollte.

Dies mag paradox erscheinen, aber die langjährige Sympathie für eine Teilung Zyperns, wie sie das Außen- und das Verteidigungsministerium wiederholt formuliert hatten, lassen es erheblich weniger widersprüchlich erscheinen. Die demographische Zusammensetzung der Inselbevölkerung (82 Prozent Griechen, 18 Prozent Türken) ließ es logischer aussehen, daß die Teilung durch Griechenland erfolgte. Die zweitbeste Lösung stellte eine erzwungene Teilung durch die Türkei dar. Nachdem die Türkei zwei brutale Invasionen durchgeführt und fast vierzig Prozent des zypriotischen Territoriums besetzt hatte, bemühte Kissinger sich sehr, die Türkei vor Repressalien durch den Kongreß zu schützen wegen dieser eklatanten Verletzung internationalen Rechts und wegen des wahllosen und illegalen Mißbrauchs amerikanischer Waffen. Er wurde tatsächlich so protürkisch, daß man beinahe meinen könnte, er habe noch nie von den griechischen Obristen gehört (auch wenn seine Abneigung gegen die zurückgekehrten griechischen demokratischen Führer gelegentlich daran erinnerte).

Nicht alle Elemente dieser Teilungspolitik können Kissinger persönlich zugeschrieben werden; die griechischen Obristen hatte es schon vor seinem Amtsantritt gegeben, genauso wie die offizielle Abneigung gegen Makarios in Washington. Doch selbst in dem muffig verschleiernden Stil seiner Memoiren gibt er zu, was auch aus unabhängigen Quellen geschlossen werden kann. Indem er verdeckte Kanäle benutzte und den demokratischen Prozeß im eigenen Land umging, machte er sich zum stillen Komplizen in einem politischen Attentatskomplott. Das Scheitern dieses Plans führte zum Tod Tausender von Zivilisten, zur gewaltsamen Entwurzelung von fast 200 000 Flüchtlingen und zur Schaffung einer ungerechten und instabilen Teilung Zyperns, die ein gutes Vierteljahrhundert später immer noch eine ernste Bedrohung des Friedens darstellt. Kissingers Bemühungen, die Akten verschlossen zu halten, sprechen für sich selbst. Wenn die Akten geöffnet werden, werden sie Teil der Anklageschrift sein.

Am 10. Juli 1976 verabschiedete die Europäische Menschenrechtskommission einen unter der Leitung von Professor J. E. S. Fawcett von achtzehn renommierten Juristen verfaßten Abschlußbericht einer einjährigen Studie über die Folgen der türkischen Invasion. Darin wurde festgestellt, daß sich die türkische Armee an der bewußten Ermordung von Zivilisten, an der Hinrichtung von Gefangenen, an Folter und Mißhandlungen von Häftlingen, an der willkürlichen kollektiven Bestrafung und Massenverhaftung von Zivilisten und an systematischen und straflos gebliebenen Vergewaltigungen, Folterungen und Plünderungen beteiligt hat. Eine große Zahl »verschwundener« Personen aus dieser Zeit, sowohl Kriegsgefangene als auch Zivilisten, gelten immer noch als »vermißt«. Darunter befinden sich auch etwa ein Dutzend Besitzer amerikanischer Pässe, was an sich schon Beweis genug ist für eine willkürliche Strategie, die von einer Armee umgesetzt wird, die auf amerikanische Hilfe und Ausrüstung angewiesen ist.

Vielleicht war es seine Abneigung, Verantwortung für diese Greueltaten und für den sie ermöglichenden Sampson-Staatsstreich einzugestehen, die Kissinger dazu führte, seinen neuen Freunden, den Chinesen, eine Reihe denkwürdiger Lügen aufzutischen. Am 2. Oktober 1974 lud er Qiao Guanhua, den stellvertretenden Außenminister der Volksrepublik, in New York zu einem Gespräch auf höchster Ebene ein. Es war das erste bedeutende chinesisch-amerikanische Treffen seit dem Besuch von Deng Xiaoping, und der erste Tagesordnungspunkt war Zypern. Laut dem Memorandum mit der Überschrift »Streng geheim/Vertraulich/Verschlußsache« hat Kissinger zunächst die öffentlich geäußerte Behauptung Chinas zurückgewiesen, er habe dabei geholfen, die Beseitigung von Makarios einzufädeln. »Das haben wir nicht. Wir haben uns nicht gegen Makarios gestellt« (eine Behauptung, die er in den eigenen Memoiren Lügen straft). Er sagt: »Zum Zeitpunkt des Staatsstreichs befand ich mich in Moskau«, was nicht zutrifft. Er sagt: »Meine Leute haben diese Geheimdienstberichte [über einen bevorstehenden Staatsstreich] nicht ernst genommen«, obwohl sie doch genau das hatten. Er sagt, Makarios selbst habe sie nicht ernst genommen, obwohl Makarios doch die griechische Junta wegen ihrer Staatsstreichpläne öffentlich angeprangert hatte. Sodann stellt er die erstaunliche Behauptung auf: »Wir wußten, daß die Sowjets den Türken gesagt hatten, sie sollen einmarschieren«, womit dies die erste von Sowjets angezettelte Invasion durch die Armee eines NATO-Staats wäre, die zudem durch amerikanische Wirtschaftshilfe finanziert worden ist.

Ein guter Lügner muß ein gutes Gedächtnis haben. Kissinger ist ein ausgezeichneter Lügner, und er hat ein bemerkenswertes Gedächtnis. Daher erklären sich seine vollkommen überzogenen Lügen vielleicht zum Teil aus der Notwendigkeit, Chinas antisowjetische Instinkte anzusprechen. Doch der Umfang der Unwahrheit ist so beeindruckend, daß da noch mehr im Spiel sein muß; vielleicht so etwas wie Verdrängung, Wahnvorstellungen oder gar eine Art verstecktes Geständnis.

Osttimor

Es gibt eine kleine, aber wichtige Region, die sich dadurch auszeichnet, daß sie in Henry Kissingers Memoiren ausgelassen wird – und zwar völlig. Da Osttimor im dritten und letzten Band von Kissingers Memoiren nicht vorkommt, kann es anders als Zypern auch nicht auf eine hastige spätere Korrektur hoffen. Es wurde, kurz gesagt, unter den Teppich gekehrt. Es ist recht einfach, zu erkennen, warum Kissinger hofft, die Diskussion über ein Land zu vermeiden, dessen Schicksal er so entscheidend beeinflußt hat.

Ich möchte kurz die Tatsachen anführen. Nach dem Zusammenbruch des faschistischen Regimes in Portugal im April 1974 zerfiel sein Kolonialreich mit ungeheurer Geschwindigkeit. Die Macht in Lissabon behielt nur noch die Kontrolle über die Enklave Macao an der chinesischen Küste und gab dieses Territorium 2000 vertragsgemäß an Peking zurück. Nach längerem Hin und Her ging die Macht in Afrika an die dem Sozialismus zuneigenden Befreiungsbewegungen über, die dank ihrer Guerillataktik die portugiesische Revolution mit ausgelöst hatten und freundschaftliche Beziehungen zur ersten Generation der portugiesischen Aktivisten pflegten.

In Osttimor, das im indonesischen Archipel liegt, wurde das postkoloniale Vakuum zuerst ebenfalls von einer linksgerichteten Bewegung gefüllt, der FRETILIN (Revolutionäre Front für ein unabhängiges Osttimor). Die breite Basis dieser Bewegung reichte von der katholischen Kirche bis hin zu den verwestlichten und teilweise leninistischen Studenten, die ihre revolutionären Ansichten aus Portugal mitgebracht hatten. Die FRETILIN und ihre Verbündeten waren in der Lage, eine Regierung zu bilden, sahen sich aber augenblicklich einem ungeheuren Druck ihres riesigen Nachbarn Indonesien ausgesetzt, in dem der (inzwischen von seinem Volk aus dem Amt gejagte und entehrte) Diktator General Suharto herrschte. Portugal, das damals rechtlich verantwortlich war und diese Verantwortung bis heute zu tragen hat, war zu instabil und zu weit weg, um das Eindringen regulärer indonesischer Truppenverbände nach Osttimor und das Einsetzen einer offen expansionistischen Politik der Zermürbung und Subversion zu verhindern. Die Generale in Jakarta verfolgten diese Taktik ein paar Monate lang unter dem durchsichtigen Vorwand, Anti-FRETILIN-Kräfte zu »unterstützen«, bei denen es sich in Wahrheit um eingedrungene indonesische Soldaten handelte. Aller Vorwand wurde am 7. Dezember 1975 fallengelassen, als die Streitkräfte Indonesiens in massiver Zahl die Grenze zu Osttimor überschritten und das Gebiet schließlich (in einem Akt, der nicht weniger rechtswidrig war als die irakische Verkündigung, Kuwait sei »unsere 19. Provinz«) zu einem integralen Bestandteil Indonesiens erklärten.

Der Widerstand in Osttimor war so allgemein und die Gewalt, um ihn zu unterdrücken, so gnadenlos und exzessiv, daß die Zahl von 100 000 Toten – etwa ein Sechstel der Gesamtbevölkerung – allein nach der ersten Welle der Gewalt als zu gering angesehen wird.

Das Datum der indonesischen Invasion, der 7. Dezember 1975, ist bedeutsam und aufschlußreich. An diesem Tag trafen Präsident Gerald Ford und sein Außenminister Henry Kissinger auf Hawaii ein, nachdem sie einen offiziellen Staatsbesuch in Jakarta beendet hatten. Da sie eben erst von einem Treffen mit der indonesischen Militärjunta kamen und da die Vereinigten Staaten Indonesiens Hauptlieferant von Militärmaterial waren (und da Portugal, ein NATO-Verbündeter, deswegen sämtliche Beziehungen zu Indonesien abgebrochen hatte), schien es vernünftig zu fragen, ob die beiden Staatsmänner bei den Invasoren einen Eindruck hinterlassen hatten, der von diesen als »grünes Licht« interpretiert werden konnte. Nach seiner Landung auf Hawaii baten Journalisten Ford um einen Kommentar zur Invasion Osttimors. Der Präsident wich aus. Er lachte und sagte: »Darüber reden wir später.« Pressesprecher Ron Nessen gab später vor Journalisten folgende Erklärung ab: »Die Vereinigten Staaten sind stets beunruhigt, wenn es um den Einsatz von Gewalt geht. Der Präsident hofft, es kann friedlich gelöst werden.«

Die Unverständlichkeit dieser offiziellen Äußerung – eine friedliche Lösung für den Einsatz von Gewalt – mag durchaus eine innere Logik besessen haben: die Hoffnung auf einen schnellen Sieg der überwältigenden Macht. Kissingers ehrlicher Kommentar, den er abgab, als er sich noch auf indonesischem Boden befand, läßt diesen Verdacht in einem realistischeren Licht erscheinen. Er sagte der Presse in Jakarta, daß die Vereinigten Staaten die von der FRETILIN ausgerufene Republik nicht anerkennen würden und daß »die Vereinigten Staaten die indonesische Haltung in dieser Frage verstehen«.

Die Berichte über Massenabschlachtungen, Vergewaltigungen und vorsätzliches Aushungern in Osttimor waren so grauenhaft, daß die Invasoren ihre ursprüngliche Offenheit gegenüber westlichen Medien schnell verloren. Der Mord an mehreren australischen Journalisten, die Augenzeugen indonesischer Greueltaten geworden waren, die Verwüstungen in der Hauptstadt Dili und die Hartnäckigkeit des militärisch völlig unterlegenen ländlichen Widerstands der FRETILIN ließen die Osttimorinvasion zu einer Blamage für die Herrscher in Jakarta werden, nicht zu deren Aushängeschild. Kissinger versuchte generell jeder Diskussion über seine Verwicklung in die Ausrottung der Timoresen aus dem Weg zu gehen – eine anhaltende Verwicklung übrigens, da er Waffenlieferungen an jene, die mit der Ausrottung beschäftigt waren, durch die Hintertür autorisierte. Dabei wurde er professionell unterstützt von seinem Botschafter bei den Vereinten Nationen, Daniel Patrick Moynihan, der später in seinen Memoiren, *A Dangerous Place*, preisgab, daß die anfänglichen Todeszahlen bei der Invasion Osttimors »fast das Ausmaß der Verluste erreichte, wie sie die Sowjetunion im Zweiten Weltkrieg erlitt«. Moynihan fährt fort:

> »Die Vereinigten Staaten wünschten, daß sich die Dinge so entwickelten, wie sie es taten, und trugen zu diesem Ergebnis bei. Das Außenministerium wünschte, daß sich alle Maßnahmen der Vereinten Nationen als völlig ineffektiv erwiesen. Diese Aufgabe wurde mir übertragen, und ich führte sie mit nicht unbeträchtlichem Erfolg aus.«

Die Ausdrücke »Vereinigte Staaten« und »Außenministerium« werden von diesem angeblichen Meister der Sprache übel prostituiert, werden sie doch als Synonyme für Henry Kissinger verwandt.

Zwanzig Jahre später, am 11. Juli 1995, wurde Kissinger mit direkten Fragen zu diesem Thema konfrontiert. Als er sich auf einer Publicity-Tour für sein damaliges neuestes Buch *Diplomacy* (deutsch: *Die Vernunft der Nationen*) auf einer Veranstaltung befand, die *The Learning Exchange* im New Yorker *Park Central Hotel* veranstaltete, rechnete er wohl nicht damit, in welche Richtung die ersten Fragen aus dem Publikum gehen würden (hatte er doch Osttimor weder in seinem Buch noch in seiner Ansprache erwähnt). Constancio Pinto, ein ehemaliger Führer des Widerstands in Osttimor, der gefangengenommen und gefoltert worden war und in die Vereinigten Staaten fliehen konnte, eröffnete die Debatte:

Pinto: Ich bin Timorese. Ich heiße Constancio Pinto. Ich habe Ihren heutigen Vortrag verfolgt, und er war wirklich sehr interessant. Ein Punkt, den Sie nicht erwähnt haben, wie ich weiß, ist jener Ort, der 1975 von Indonesien überfallen wurde. Er liegt in Südostasien. Als Folge dieser Invasion wurden 200 000 Timoresen getötet. Soweit ich weiß, war Dr. Kissinger einen Tag vor der Invasion Osttimors in Indonesien. Die Vereinigten Staaten haben Indonesien in Osttimor unterstützt. Deshalb möchte ich gern wissen, was Sie damals getan haben.

Kissinger: Was ich damals getan habe? Die ganze Zeit oder nur in bezug auf Timor? Zuerst möchte ich mich für die höfliche Form bedanken, in der dieser Gentleman diese Frage stellt. Das letzte Mal, als jemand aus Timor hinter mir her war, bei der *Oxford Union*, hat man den Saal praktisch zerlegt, bevor die Frage gestellt wurde.

Was die meisten Menschen, die sich mit Regierung beschäftigen, nicht wissen, ist eine der überwältigendsten Erfahrungen, wenn man ein hohes Staatsamt bekleidet. Daß es nämlich stets mehr Probleme gibt, als man bewältigen kann. Und wenn man mit Weltpolitik befaßt ist und wenn man eine Weltmacht repräsentiert, dann gibt es so viele Fragen.

Nun zur Timorfrage. Zuallererst müssen Sie begreifen, was Timor, was Timor, was die Timorfrage überhaupt ist. Jede Insel, die zu Kolonialzeiten von den Holländern besetzt worden war, ist der Republik Indonesien angegliedert worden. Mitten in diesem Archipel lag eine Insel namens Timor. Oder ist eine Insel namens Timor. Die Hälfte davon war indonesisch, die andere portugiesisch. So war die Ausgangslage.

Nun möchte ich den Gentleman, der die Frage gestellt hat, nicht beleidigen. Wir hatten so viele Probleme, um die wir uns kümmern mußten. So gab es damals, also, in Angola herrschte Krieg. Wir waren erst kurz zuvor aus Vietnam gejagt worden. Wir führten Verhandlungen im Nahen Osten, und der Libanon war gerade explodiert. Wir befanden uns auf einer Reise nach China. Vielleicht, und das ist sehr bedauerlich, dachten wir nicht einmal an Timor. Ich sage Ihnen hier die reine Wahrheit. Eigentlich war es reiner Zufall, daß wir uns in Indonesien befanden. Ursprünglich hatten wir beabsichtigt, nach China zu reisen, wobei ich mit »wir« Präsident Ford, mich selbst und einige andere meine. Ursprünglich hatten wir für fünf Tage nach China reisen wollen. Dies war die Zeit, als Mao sehr krank war, und es war zu Unruhen in China gekommen. Die sogenannte Viererbande setzte sich gerade durch, und wir machten eine fürchterliche Zeit durch, uns mit den Chinesen zu einigen, wohin wir gehen konnten und was wir sagen durften. Also verkürzten wir unsere Chinareise. Wir blieben zwei Tage in China, dann waren wir eineinhalb Tage auf den Philippinen und eineinhalb Tage in Indonesien. Das war der einzige Grund, warum wir überhaupt nach Indonesien kamen.

Es ging nur darum, den Chinesen zu sagen, daß wir nicht von ihnen abhängig waren. Also, so kamen wir jedenfalls nach Indonesien.

Timor war während unseres Aufenthalts in Indonesien zu keinem Zeitpunkt ein Gesprächsthema. Erst auf dem Flugplatz, als wir bereits direkt vor der Abreise standen, unterrichteten uns die Indonesier, daß sie die portugiesische Kolonie Timor besetzen würden. Dies erschien uns damals nicht besonders wichtig, hatten doch die Inder zehn Jahre zuvor die portugiesische Kolonie Goa besetzt, und für uns schien dies ein weiterer Prozeß der Entkolonialisierung zu sein. Niemand hatte auch nur die blasseste Ahnung, was später passieren würde, und niemand fragte uns nach unserer Meinung, und ich weiß nicht, was wir hätten sagen können, wenn jemand nach unserer Meinung gefragt hätte. Man teilte uns die Sache bei unserer Abreise eigentlich nur mit.

Nun ist es im Anschluß auf Timor zu einer schrecklichen menschlichen Tragödie gekommen. Die Bevölkerung von Osttimor hat Widerstand geleistet, und ich weiß nicht, ob die Zahl der Opfer korrekt ist. Ich weiß es einfach nicht, aber ganz sicher ist sie hoch, und es steht völlig außer Frage, daß es eine riesige Tragödie ist. Ich sage hier nur das, was wir 1975 wußten. Es war keine große Sache auf unserem Radarschirm. Niemand hat je wieder etwas von Goa gehört, nachdem die Inder es besetzt hatten. Und für uns, werfen Sie einen Blick auf eine Landkarte, ist Timor nur ein kleiner Fleck von Insel in einem riesigen Archipel, die zur Hälfte portugiesisch war. Wir hatten keinerlei Veranlassung zu sagen, die Portugiesen sollten dort bleiben. Als uns die

Indonesier also darüber informierten, sagten wir weder ja noch nein. Wir standen buchstäblich auf dem Flugplatz. Das also war unsere Verbindung damit, aber ich gestehe dem Fragesteller die Tatsache zu, daß es sich um eine große Tragödie handelt.

Allan Nairn: Herr Kissinger, ich heiße Allan Nairn. Ich bin amerikanischer Journalist. Ich bin einer der Amerikaner, die das Massaker vom 12. November 1991 in Osttimor überlebten, ein Massaker, in dessen Verlauf indonesische Truppen, bewaffnet mit amerikanischen M-16-Gewehren, mindestens 271 timoresische Zivilisten vor dem katholischen Santa-Cruz-Friedhof niederschossen, als sie sich friedlich dort versammelten, um zu trauern und zu protestieren. Nun sagten Sie gerade, daß Sie bei Ihrem Treffen mit Suharto am Nachmittag des 6. Dezember 1975 nicht über Timor gesprochen hätten, sondern erst zu dem Zeitpunkt, als Sie auf dem Flughafen waren. Nun, ich habe hier die offizielle Niederschrift des Außenministeriums von der Unterredung zwischen Ihnen und Präsident Ford mit General Suharto, dem Diktator Indonesiens. Sie unterliegt dem *Freedom of Information Act*, deshalb liegt nicht der vollständige Text vor. Aus dem vorliegenden Teil des Textes geht allerdings zweifelsfrei hervor, daß Sie sehr wohl mit Suharto über die bevorstehende Invasion von Timor gesprochen haben, eine Tatsache, die mir im übrigen von Präsident Ford persönlich in einem Interview bestätigt wurde, das ich mit ihm geführt habe. Präsident Ford sagte mir, daß Sie tatsächlich mit Suharto über die bevorstehende Invasion von Timor sprachen und daß Sie die amerikanische ...

Kissinger: Wer? Ich oder er?

Nairn: Daß Sie und Präsident Ford die amerikanische Zustimmung zur Invasion Osttimors gegeben haben. Es gibt ein weiteres internes Memorandum des Außenministeriums, das ich hier in großen Auszügen gedruckt habe und gern an jeden Interessierten im Publikum weitergebe. Dieses Memo ist datiert auf den 18. Dezember 1975 und bezieht sich auf eine Besprechung im Außenministerium. Diese wurde unmittelbar nach Ihrer Rückkehr von dieser Reise abgehalten, und Sie wiesen Ihr Personal scharf zurecht, weil man eine Beurteilung durch den Rechtsberater des Außenministeriums, Herrn Leigh, zu Papier gebracht hatte, daß die indonesische Invasion von Osttimor illegal sei, daß sie nicht nur gegen internationales Recht verstieß, sondern auch noch einen Vertrag mit den USA verletzte, denn dabei wurden amerikanische Waffen eingesetzt, und es geht aus dieser Niederschrift eindeutig hervor, zu deren Prüfung ich gern jeden im Publikum einlade, daß Sie wütend auf Ihre Mitarbeiter waren, erstens, weil Sie befürchteten, daß dieses Memo an die Öffentlichkeit gerate könnte, und zweitens, weil Sie die indonesische Invasion Osttimors unterstützten und nicht wollten, daß bekannt würde, daß Sie dies gegen den Rat Ihrer eigenen Leute im Außenministerium tun. Schaut man sich den Handlungsablauf an, so begannen sechzehn Stunden nach Ihrem Treffen mit Suharto die indonesischen Truppen damit, Fallschirmjäger über Dili, der Hauptstadt von Osttimor, abzusetzen. Sie landeten und begannen sofort mit den Massakern, die damit endeten, daß ein Drittel der timoresischen Bevölkerung [getötet wurde]. Zu diesem Zeitpunkt kündigten Sie eine sofortige Verdoppelung der amerikanischen Militärhilfe für Indonesien an, und in der Zwischenzeit lauteten die Instruktionen an den Botschafter Daniel Patrick Moynihan bei den Vereinten Nationen, daß die UNO bei allen Aktionen, die in bezug auf Osttimor unternommen werden könnten, sich als höchst unwirksam erweisen sollte, wie aus seinen Memoiren hervorgeht ... [Rufe aus dem Publikum]

Kissinger: Hören Sie, ich denke, wir haben jetzt alle verstanden, worauf Sie hinaus wollen ...

Nairn: Meine Frage, Herr Kissinger, meine Frage, Dr. Kissinger, besteht aus zwei Teilen: Erstens, werden Sie einen Verzicht gemäß dem *Privacy Act* aussprechen, um die vollständige Freigabe dieses Memorandums zu unterstützen, damit wir genau sehen können, was Sie und Präsident Ford zu Suharto gesagt haben? Zweitens, würden Sie die Einberufung eines internationalen Kriegsverbrechertribunals unter Aufsicht der Vereinten Nationen zu Osttimor unterstützen, und würden Sie einwilligen, in bezug auf Ihr eigenes Verhalten dessen Urteilsspruch zu akzeptieren?

Kissinger: Ich meine, also wirklich, Geschwätz dieser Art ist einer der Gründe, warum die Durchführung von Außenpolitik unter diesen Umständen nahezu unmöglich wird. Hier haben wir einen Mann, der von etwas besessen ist, der ein Problem hat, er sammelt einen Haufen Dokumente, man weiß nicht, was in diesen Dokumenten steht ...

Nairn: Ich lade Ihr Publikum ein, sie zu lesen.

Kissinger: Nun, lesen Sie sie. Also, die Tatsachen sind im Kern genau die, die ich beschrieben habe [pocht aufs Rednerpult]. Timor war kein bedeutsames Problem amerikanischer Politik. Ob nun Suharto darauf zu sprechen kam oder Ford etwas sagte, das ermutigend klang, jedenfalls handelte es sich nicht um ein bedeutsames Problem der amerikanischen Außenpolitik. Uns kam es eher wie ein antikoloniales Problem vor, bei dem die Indonesier Timor besetzten, und wir hatten zu dem Zeitpunkt absolut keinen Grund, unser besonderes Augenmerk darauf zu richten.

Zweitens müssen Sie diese Dinge im Kontext der Zeit verstehen. Vietnam war gerade zusammengebrochen. Niemand wußte, welche Auswirkungen die Dominotheorie haben würde. Indonesien war ... ist ein Land mit einer Bevölkerung von 160 Millionen, das Schlüssel-, ein Schlüsselland in Südostasien. Wir wollten keinen Ärger mit Indonesien, und der Grund, warum ich im Ministerium dagegen war, diese Sache zu Papier zu bringen, das war nicht, weil es zu Papier gebracht werden sollte. Es ging darum, daß es an die Botschaften weitergeleitet werden sollte und mit Sicherheit an die Öffentlichkeit gelangte. Das hätte garantiert zu öffentlichen Auseinandersetzungen geführt, und unsere grundsätzliche Haltung in diesen Menschenrechtsfragen war stets, was auch immer geschieht, sie erst im Stillen zu diskutieren, bevor sie zu öffentlichen Auseinandersetzungen führen. So war unsere Haltung hinsichtlich der Auswanderung aus Rußland, zu Recht, wie sich herausstellte, und so war die Politik, die wir im Hinblick auf Indonesien verfolgen wollten, und jeder kann losziehen und irgendein Dokument finden und einen Satz herausreißen und irgend etwas Grundsätzliche damit zu beweisen versuchen, und nun, finde ich, haben wir genug über Timor gehört. Lassen Sie uns über ein andere Thema sprechen. [Applaus aus dem Publikum]

Amy Goodman: Dr. Kissinger, Sie sagten, die Vereinigten Staaten hätten bisher alles gewonnen, was sie im kalten Krieg gewollt hätten. Ich möchte noch einmal auf Indonesien zurückkommen, und bevor es Buhrufe aus dem Publikum gibt, nur kurz sagen, während Sie über China und Indien sprechen, daß Indonesien das viertgrößte Land der Erde ist. Ich möchte daher in diesem Zusammenhang eine Frage zu Osttimor stellen. Angesichts der Ereignisse der letzten zwanzig Jahre, der 200 000 Toten, *Amnesty* zufolge, *Asia Watch* zufolge, ja sogar dem indonesischen Militär zufolge. (...) Sehen Sie dies als einen Erfolg der Vereinigten Staaten an?

Kissinger: Nein, aber ich halte dies nicht für einen Punkt der amerikanischen Politik. Wir können doch nicht, wir sind doch nicht für alles verantwortlich, was an jedem Ort der Welt geschieht. [Applaus aus dem Publikum]

Goodman: Abgesehen davon, daß neunzig Prozent der Waffen, die während der Invasion eingesetzt wurden, aus den USA stammen und dies auch heute noch so ist. In dieser Hinsicht sind wir unglücklicherweise direkt mit Indonesien verbunden. Angesichts dieser Tatsache fragte ich mich, ob Sie dies für einen Erfolg halten und ob Sie zudem in Ihrer Position im Aufsichtsrat von *Freeport-McMoRan*, der die größte Goldschürfmine der Welt in Indonesien gehört, auf Irian Jaya, und *Freeport* ein derart großer Lobbyist für Indonesien im Kongreß ist, ob Sie Druck ausüben, diese Politik zu ändern und die Selbstbestimmung des Volkes von Osttimor zu unterstützen?

Kissinger: Die, ähm, die Vereinigten Staaten als allgemeiner Vorschlag können nicht alle Probleme lösen, die sich aus dem Einsatz amerikanischer Waffen in rein zivilen Konflikten ergeben. Wir sollten unser Bestes tun, um dies zu verhindern. Als amerikanische Privatfirma, die in einer Gegend weit entfernt von Timor, wenn auch in Indonesien, private Geschäfte betreibt, glaube ich nicht, daß es ihre Aufgabe ist, sich in solche Fragen einzumischen, denn wenn sie es tut, dann wird dort keinerlei private amerikanische Firma mehr willkommen sein.

Goodman: Genau dies tut sie aber jeden Tag und leistet Lobbyarbeit im Kongreß.

Interessant zu beobachten, wie in dieser abschließenden Antwort Kissingers normalerweise effiziente, wenn auch roboterhafte Syntax zerfällt. (Weiteres Material zu Kissingers Beteiligung an *Freeport-McMoRan* und zu seiner Beteiligung an einem privatisierten militärisch-politisch-kommerziellen Komplex findet sich im »Nachwort: Die Gewinnspanne«.) Gleichermaßen faszinierend ist wieder einmal, seinen Verdrängungsmechanismus in Aktion zu erleben. Wenn man Kissinger und seinem Förderer Nixon eine Überzeugung zugute halten sollte, dann die, daß die Vereinigten Staaten niemals ein »jämmerlicher, hilfloser

Riese« sein sollten, ja nicht einmal als solcher dastehen dürften. Kissingers Schriften und Reden sind gespickt mit Phrasen von »Glaubwürdigkeit« und der Notwendigkeit, Freund wie Feind gleichermaßen durch amerikanische Entschlossenheit zu beeindrucken. Als Reaktion auf jede Frage oder Untersuchung, die ihn mit Verbrechen und Fiasko in Verbindung bringen könnte, hat er nichts Eiligeres zu tun, als sein Land und seine Beamten zu beleidigen, indem er unterstellt, sie hätten keine Ahnung, interessierten sich für nichts, seien schlecht informiert und ließen sich vom Gang der Ereignisse überrollen. Zudem greift er zurück auf einen demagogischen Isolationismus. Genausogut könnte man behaupten, die Vereinigten Staaten seien leichte Beute für jede ehrgeizige oder irredentistische Bananenrepublik.

Diese halb unbewußte rhetorische Umkehr mündet wie immer in neuen, übertriebenen und improvisierten Lügen (man erinnere sich an seine Behauptung gegenüber den Chinesen, die Sowjets hätten die türkische Invasion Zyperns angezettelt). Die Idee, die Annexion Osttimors durch Indonesien sei vergleichbar mit der indischen Besetzung Goas, ist viel zu absurd, um als Rechtfertigung, gleich ob vorweg oder nachträglich, angeführt zu werden. Was Kissinger an dem Vergleich zu gefallen scheint, ist die Geschwindigkeit, mit der Goa vergessen wurde. Was er übersieht, ist, daß es vergessen wurde, weil es erstens kein Blutbad gab und zweitens die Entkolonialisierung Indiens mit der Besetzung beendet war. Das Massaker auf Timor stand dagegen für die *Zementierung* der indonesischen Kolonisierung. Und ganz offensichtlich war die indonesische Invasion, die wenige Stunden nach Kissingers Abflug vom Rollfeld des *Jakarta Airport* begann, bereits mehrere Tage vor seiner Ankunft geplant und vorbereitet worden. Solche Pläne dürften jedem Militärattaché einer Botschaft und ganz sicher einem Außenminister auf Staatsbesuch bekannt gewesen sein.

Tatsächlich haben wir das Wort von C. Philip Liechty, einem ehemaligen CIA-Einsatzleiter in Indonesien, daß

> »Suharto grünes Licht für sein Vorhaben gegeben worden war. Es gab Diskussionen in der Botschaft und mit dem Außenministerium über die Probleme, die uns daraus erwachsen könnten, sollte die Öffentlichkeit und der Kongreß etwas über das Ausmaß und die Art der militärischen Hilfe erfahren, die zur damaligen Zeit nach Indonesien ging. Ohne fortgesetzte umfangreiche logistische und militärische Unterstützung durch die USA wären die Indonesier womöglich nicht in der Lage gewesen, die Sache durchzuziehen.«

Angesichts der Tatsache, daß die rechtliche und internationale Verantwortung für Osttimor bei Portugal lag, seit langem ein NATO-Verbündeter der Vereinigten Staaten, muß die Entscheidung, dies zu mißachten und den Indonesiern, wie zugegeben, nichts dazu zu sagen, absichtlich gefällt worden sein. Angesichts Kissingers – wie wir noch sehen werden – kritischer Beschäftigung mit dem Schicksal des portugiesischen Weltreichs muß aber noch mehr dahintergesteckt haben. Sicherlich ging es dabei nicht um eine Unaufmerksamkeit oder um den Druck anderer, ablenkender Weltereignisse in und um eine weitere portugiesische Kolonie, Angola (um Kissingers selbstgewähltes Beispiel zu zitieren).

Der Wunsch, den Anschein zu erwecken, unbeteiligt gewesen zu sein, mag sich zum Teil – wenn wir großzügig sind – aus der Tatsache ergeben, daß selbst der indonesische Außenminister Adam Malik zwischen 50 000 und 80 000 Opfer an timoresischen Zivilisten in den ersten achtzehn Monaten von Indonesiens Unterwerfungskrieg einräumte. Mit anderen Worten: in

Kissingers Amtszeit, herbeigeführt mit Waffen, für deren Lieferung an die Mörder er amerikanische Gesetze beugte.

Mittlerweile ist in Indonesien wieder eine Art Demokratie eingekehrt. Die neue Regierung gab als eine der ersten Maßnahmen nach Ende der Diktatur die Annexion Osttimors auf und zog sich – nach einem letzten blutigen Pogrom, veranstaltet durch Hilfstruppen – aus der Gegend zurück. Nun sind wir vielleicht in der Lage, genauere Einzelheiten über das Ausmaß des Völkermords zu erfahren.

Kissingers Heimlichtuerei wird besonders in einem Telegramm des Außenministeriums vom Dezember 1975 und einem dazugehörigen Memorandum deutlich. Tatsächlich waren die grundsätzlichen Entscheidungen hinsichtlich der ehemaligen Kolonien Portugals schon im davorliegenden Juli getroffen worden, als Kissinger sich die Erlaubnis des Präsidenten für eine verdeckte militärische Intervention in Koordination mit Südafrika und mit General Mobutu holte, um ein tribalistisches Regime in Angola durchzusetzen. Im darauffolgenden Monat, um nur die Fakten anzuführen, informierte er die indonesischen Generale, daß er sich ihrer Intervention in Osttimor nicht widersetzen werde. Der einzige Verhandlungsgegenstand im Dezember war der Wunsch, daß Indonesien sein Kolonialabenteuer erst dann beginnen sollte, nachdem die *Air Force One* mit Ford und Kissinger an Bord indonesischen Luftraum verlassen hatte.

Mit seiner Ahnungslosigkeitsmasche kann Kissinger keineswegs zwei rechtliche Fragen aus dem Weg räumen, die beide in die Verantwortung des Außenministeriums fallen. Die erste Frage ist die nach der Verletzung des internationalen Rechts durch Indonesien in einem Fall, bei dem die Zuständigkeit eindeutig bei der portugiesischen Regierung lag, einem Mitglied der NATO, auch wenn Kissinger (wohl zum Teil als Ergebnis der portugiesischen Unterstützung der »Entkolonialisierung«) diese Zuständigkeit mißachtete. Die zweite Frage ist die nach der Verletzung amerikanischen Rechts, welches vorschrieb, daß an Indonesien gelieferte Waffen ausschließlich zu Selbstverteidigungszwecken eingesetzt werden durften. Beamte des Außenministeriums, dem Gesetz verpflichtet, waren ebenfalls zu der Schlußfolgerung gekommen, daß die Hilfe der Vereinigten Staaten für die Generale in Jakarta eingestellt werden mußte. Ihr Memorandum, das diesen Fall zusammenfaßt, war Anlaß eines ungeheuren internen Streits, der im folgenden protokolliert wird:

»GEHEIM/VERTRAULICH
GESPRÄCHSNOTIZ

Teilnehmer:	Der Außenminister [Henry Kissinger] Der stellvertretende Außenminister [Robert] Ingersoll Staatssekretär [für politische Angelegenheiten Joseph] Sisco Staatssekretär [Carlyle] Maw Stellvertretender Staatssekretär [Lawrence] Eagleburger Unterstaatssekretär [Philip] Habib Monroe Leigh, Rechtsberater Jerry Bremer, Protokollant
Datum:	18. Dezember 1975
Thema:	Politik des Ministeriums

Der Außenminister [*Kissinger*]: Am allerliebsten würde ich einen Höllenspektakel wegen des Verhaltens des Ministeriums in meiner Abwesenheit machen. Bis letzte Woche dachte ich noch, wir verfügten hier über eine disziplinierte Gruppe; jetzt scheint hier alles völlig aus den Fugen geraten zu sein. Nehmen wir dieses Telegramm über Timor. Sie kennen meine Haltung, und jeder, der meinen Standpunkt so gut kennt wie Sie, muß doch wissen, daß ich es nicht gutgeheißen hätte. Die einzige Konsequenz besteht darin, Ihr Verhalten schriftlich zu festzuhalten. Es ist eine Schande, den Außenminister so zu behandeln. (...)

Welche Erklärung können Sie mir dafür geben? Ich habe Ihnen gesagt, es in aller Stille zu unterbinden. Was macht denn Ihr Verein, Phil, daß so etwas geschehen kann? Es ist unbegreiflich. Es ist falsch in der Substanz und im Vorgehen. Es ist eine Schande. Waren Sie hier?

Habib: Nein.

(...)

Habib: Nach unserer Beurteilung war mit Schwierigkeiten zu rechnen, und zwar noch vor Ihrer Rückkehr. Und man hat mir gesagt, sie hätten beschlossen, es sei wünschenswert, das Telegramm so abzuschicken.

Der Außenminister: Unsinn. Ich sagte, macht das ein paar Wochen lang so, und dann lockert es wieder.

Habib: Das Telegramm wird nicht an die Öffentlichkeit dringen.

Kissinger: Doch, das wird es, und es wird auch vor dem Kongreß landen, und dann wird es deswegen zu Anhörungen kommen.

Habib: Ich war fort. Ich habe telegrafisch davon erfahren, daß es reingekommen ist.

Kissinger: Das heißt also, es gibt zwei Telegramme! Und das wiederum bedeutet, daß zwanzig Leute es gesehen haben.

Habib: Nein. Ich habe es verschlüsselt erhalten – es war gerade mal ein Absatz doppeldeutiges und kryptisches Gerede, also wußte ich, um was es ging. Man hat mir gesagt, Leigh vertrete die Auffassung, die Vorgehensweise sei gesetzlich vorgeschrieben.

Leigh: Nein, ich sagte, es könnte administrativ erledigt werden. Es lag nicht in unserem Interesse, es auf rechtlicher Grundlage zu tun.

Sisco: Uns wurde gesagt, Sie hätten entschieden, wir müßten damit aufhören.

Kissinger: Einen Augenblick mal, einen Augenblick. Sie alle kennen meine Meinung zu diesem Thema. Es muß doch einen FSO 8 [Foreign Service Officer, Class Eight] geben, der sich da auskennt. Das wird verheerende Auswirkungen auf Indonesien haben. Das ist doch Masochismus bis ins letzte. Niemand hat sich darüber beklagt, daß es ein aggressiver Akt war.

Leigh: Die Indonesier haben einen Vertrag mit uns verletzt.

Kissinger: Wenn die Israelis in den Libanon eindringen – wann haben wir das letzte Mal dagegen protestiert?

Leigh: Das ist eine andere Situation.

Maw: Das ist Selbstverteidigung.

Kissinger: Und wir können eine kommunistische Regierung mitten in Indonesien nicht als Selbstverteidigungsgrund auslegen?

Leigh: Nun ...

Kissinger: Dann wollen Sie also sagen, daß Waffen nicht zur Verteidigung eingesetzt werden können?

Habib: Nein, sie können zur Verteidigung Indonesiens eingesetzt werden.

Kissinger: Jetzt lassen Sie uns bitte mal einen Blick auf dieses Hauptthema werfen, das über Angola bekannt wird. Diese Dreckskerle spielen dieses ganze Zeug [dem Reporter der *New York Times*] Les Gelb zu.

Sisco: Ich kann Ihnen sagen, wer.

Kissinger: Wer?

Sisco: [Das Mitglied des Nationalen Sicherheitsrats William] Hyland hat mit ihm gesprochen.

Kissinger: Moment mal – Hyland sagte ...

Sisco: Er sagte, er habe Gelb instruiert.

Kissinger: Ich will, daß diese Leute wissen, daß unser Interesse in Angola weder der wirtschaftliche Reichtum noch ein Marinestützpunkt ist. Es hat vielmehr damit zu tun, daß die UdSSR 8000 Meilen von Zuhause entfernt operiert, während sämtliche Nachbarstaaten uns um Hilfe bitten. Dies betrifft die Europäer, die Sowjets und die Chinesen.

Was diese Timorsache betrifft, das wird in drei Monaten an die Öffentlichkeit kommen, *und es wird herauskommen, daß Kissinger seine tadellosen Bürokraten überstimmt und gegen das Gesetz verstoßen hat.* Wie viele Leute im L [dem Büro des Rechtsberaters] wissen davon?

Leigh: Drei.

Habib: In meinem Büro sind es mindestens zwei.

Kissinger: Plus alle, die an dieser Besprechung teilnehmen, also reden wir hier von nicht weniger als fünfzehn bis zwanzig Personen.

Sie haben die Verpflichtung zu erkennen, daß wir uns in einer revolutionären Situation befinden. Alles auf Papier wird gegen mich verwandt werden.

Habib: Das tun wir, und wir ziehen dies unentwegt in Betracht.

(...)

Kissinger: Tag für Tag läßt sich irgendein Mistkerl im Ministerium über Angola aus, aber kein Mensch verteidigt Angola. Zeigen Sie mir ein Zitat in dem Gelb-Artikel, in dem unsere Politik in Angola verteidigt wird.

Habib: Ich denke, die undichten Stellen und der Dissens sind die Last, die Sie zu tragen haben.

Kissinger: Aber die verantwortlichen Leute dieses Ministeriums könnten dem AF [Büro für Afrikanische Angelegenheiten*] etwas gesteckt haben.

Intersoll: Mir wurde gesagt, es komme oben vom Fluß.

Eagleburger: Auf keinen Fall.

Kissinger: Machen Sie sich nicht lächerlich, das wird hier zitiert. Lesen Sie Gelb. Wurde [der Unterstaatssekretär für afrikanische Angelegenheiten William] Schaufele herbeigerufen und gebeten, dieses Haus unter Kontrolle zu bringen? Das ist nicht irgendein Kram. Wir sind auf dem besten Weg in eine Niederlage. Der Präsident teilt den Chinesen mit, daß wir in Angola unerschütterlich bleiben, und zwei Wochen später setzen wir uns ab. Ich reise zu einem NATO-Treffen, und in der Zwischenzeit sickert aus dem Ministerium durch, daß wir uns Sorgen um einen Marinestützpunkt machen, und es teilt mit, es handele sich um eine von Kissingers Übertreibungen oder geistigen Verwirrungen. Das Öl oder der Stützpunkt sind mir gleichgültig, nicht gleichgültig jedoch ist mir die afrikanische Reaktion, wenn die sehen, wie die Sowjets ihr Ding durch-

* Das Büro berät das US-Außenministerium in Hinsicht auf Afrika südlich der Sahara; A. d. Ü.

ziehen und wir nichts unternehmen. Und wenn die Europäer sich dann sagen, wenn die schon Luanda nicht halten können, wie sollen sie dann Europa verteidigen? Die Chinesen werden sagen, wir sind ein Land, das wegen 50 000 Mann aus Indochina vertrieben wurde und das jetzt aus Angola wegen nicht mal fünfzig Millionen Dollar vertrieben wird. Wo waren denn die gestrigen Meetings? Gab es überhaupt welche?

(...)

Kissinger: Es kann nicht sein, daß unser Vertrag mit Indonesien besagt, die Waffen seien ausschließlich für interne Zwecke bestimmt. Ich denke, wir werden feststellen, es heißt, sie dürfen zur Selbstverteidigung eingesetzt werden.

Es gibt zwei Probleme. Verdienste für eine Sache, die mir vorzutragen Sie ohnehin die Pflicht hatten. Das zweite besteht darin, wie Sie dies tun sollten. Aber es dreißig Stunden vor meiner Rückkehr in einem Telegramm zu formulieren, obwohl Sie wissen, wie Telegramme in diesem Gebäude behandelt werden, garantiert, daß es sich zu einer nationalen Katastrophe ausweitet und alles übersteigt, was immer [dem stellvertretenden Rechtsberater George] Aldrich in seinem wirren Kopf vorschwebt.

Um die administrative Sache habe ich mich gekümmert, indem ich Carlyle [Maw] angewiesen habe, keine weiteren Verkäufe durchzuführen. Wie wird sich die Situation in sechs Wochen verbessern?

Habib: Bis dahin haben sie es vielleicht bereinigt.

Kissinger: Das Außenministerium bricht auseinander und hat einen Punkt erreicht, an dem es sich klaren Anweisungen widersetzt.

Habib: Wir haben das Telegramm geschickt, weil wir es für nötig erachteten und annahmen, es erfordere Ihre Aufmerksamkeit. Das war vor zehn Tagen.

Kissinger: Unsinn. Wann habe ich das Telegramm erhalten, Jerry?

Bremer: Nicht vor dem Wochenende. Ich glaube, es war Sonntag.

Kissinger: Sie hätten wissen müssen, welche Meinung ich diesbezüglich vertrete. *Niemandem, der in den vergangenen zwei Jahren mit mir gearbeitet hat, kann entgangen sein, welche Haltung ich zu Timor vertreten würde.*

Habib: Nun, sehen wir es uns doch mal an – reden wir mit Leigh. Es gibt immer noch einige rechtliche Erfordernisse. Ich kann nicht verstehen, warum es überhaupt rausgegangen ist, wenn es nicht rechtlich erforderlich war.

Kissinger: Gehe ich fehl in der Annahme, daß die Indonesier in die Luft gehen werden, wenn sie davon erfahren?

Habib: Nun, es ist immer noch besser als ein Abbruch. Man könnte das Ganze auf unterer Ebene durchziehen.

Kissinger: Wir haben vier Wochen Zeit, bevor der Kongreß wieder zusammentritt. Das ist mehr als genug.

Leigh: Mit dem administrativen Abbruch befassen wir uns am besten so, daß wir die Lage studieren.

Kissinger: Und 36 Stunden stellten da ein großes Problem dar?

Leigh: Wir hatten eine Besprechung in Siscos Dienststelle und entschieden, die Nachricht zu schicken.

Kissinger: Ich weiß, was die Gesetze vorschreiben, aber wie kann es im nationalen Interesse der Vereinigten Staaten sein, wenn wir Angola fallenlassen und den Indonesiern eine in die Fresse hauen? Wenn das erst einmal schriftlich festgehalten ist, wird es eine Menge FSO-6er geben, die sich ein gutes Gewissen machen können, die für das *Open Forum Panel** über die Sache schreiben können, auch wenn sich am Ende herausstellt, daß ich doch Recht hatte.

Habib: Das zweite Problem mit dem Durchsickern von Telegrammen liegt woanders.

Kissinger: Nein, das ist eine empirische Tatsache.

Eagleburger: Phil, es ist eine Tatsache. Man kann sicherlich nicht behaupten, daß jedes mit NODIS [No Distribution: der höchste Geheimhaltungsgrad] gekennzeichnete Telegramm an die Öffentlichkeit gerät, aber man kann sich nicht darauf verlassen, daß nicht drei bis sechs Monate später irgendwer im Kongreß danach fragt. Es ist Bestandteil der schriftlichen Akten, also wird es schließlich irgendwann herangezogen.

Kissinger: Sie sind dem nationalen Interesse verpflichtet. Es ist mir gleichgültig, ob wir an Indonesien Ausrüstung verkaufen oder nicht. Ich habe nichts davon. Ich bekomme keine Prozente. Aber Sie haben die Verpflichtung herauszubekommen, wie Sie Ihrem Land dienen. Der diplomatische Dienst ist nicht dazu da, sich selbst zu dienen. Dienst heißt Dienst an den

---

* Das Open Forum Panel ist ein Diskussionsforum für mittlere und höhere Beamte des US-Außenministeriums; A. d. Ü.

Vereinigten Staaten und nicht Dienst am diplomatischen Dienst.

Habib: Ich weiß, daß genau dies das besagte Telegramm tun würde.

Kissinger: In dem Augenblick, in dem sie es ins System einspeisen, können Sie es nicht ohne Spuren auflösen.

Leigh: Da ist nur noch eine Frage. Was sagen wir dem Kongreß, wenn wir gefragt werden?

Kissinger: Wir haben es für den Zeitraum unserer Untersuchungen eingestellt. Wir beabsichtigen, im Januar weiterzumachen.« (Hervorhebung durch den Autor)

Die Lieferung schwerer Waffen für den Einsatz gegen zivile Ziele wurde tatsächlich im Januar 1976 wiederaufgenommen, nach einem kurzen Intermezzo, in dem der Kongreß wie geplant irregeführt wurde. Niemand, das muß gesagt werden, kommt bei dieser Besprechung sonderlich gut weg; die Staatsdiener des Außenministers waren alles andere als »tadellos«. Man kann über Kissinger festhalten, daß er, in krassem Gegensatz zu seinen öffentlichen Stellungnahmen:

1. auf jede Erwähnung Goas verzichtete;
2. sich nicht die Mühe machte, seine langgehegten Ansichten zu diesem Thema zu verbergen, wo er doch seine Untergebenen anfaucht, sie könnten nicht so blöd sein, diese nicht zu kennen;
3. nicht vorgab, von den Ereignissen in Osttimor überrascht worden zu sein;
4. zugab, gegen das Gesetz verstoßen zu haben;
5. es für erforderlich hielt zu bestreiten, daß er persönlich von

den Waffenlieferungen profitieren könnte, ein Dementi, um das ihn niemand gebeten hatte.

Offenbar gab es in Kissingers Gedankenwelt einen dialektischen Zusammenhang zwischen Angola und Osttimor, die beide viele Meilen von der amerikanischen oder russischen Grenze entfernt liegen, beide aber als Prüfstein seiner Würde angesehen wurden. (Die »Nachbarstaaten«, auf die er im Fall Angolas anspielt, waren das Südafrika der Apartheid und General Mobutus Zaire. Die Mehrheit der afrikanischen Staaten, um dies nur festzuhalten, sprach sich gegen Kissingers Intervention auf Seiten der tribalistischen und prosüdafrikanischen Milizen in Angola aus. Die von ihm bevorzugten Regimes sind seit langem dem Vergessen anheimgefallen; die Vereinigten Staaten erkennen inzwischen die MPLA mit all ihren Unzulänglichkeiten als legitime Regierung Angolas an. Und natürlich hatte kein Europäer jemals das Gefühl, daß das Schicksal des Westens von Kissinger Spielchen in Luanda abhinge).

Daß Kissinger sich der weiterhin bestehenden rechtmäßigen Souveränität Portugals in Osttimor bewußt war, wird deutlich im NODIS-Memorandum eines Treffens zwischen ihm, General Suharto und Präsident Ford in Camp David am 5. Juli 1975. Fast jede Textzeile wurde bei der Redaktion gemäß des *Freedom of Information Act* gelöscht, und ein Großteil des Gesprächs ist wenig aufschlußreich, außer soweit es den Eifer der Regierung betrifft, der Junta Marine-, Luft- und Infanterieausrüstungen zu liefern; aber an einer Stelle, kurz bevor Kissinger sich zu dem Gespräch gesellt, fragt Präsident Ford seinen Gast: »Haben die Portugiesen schon einen Termin genannt, der Bevölkerung von Timor zu erlauben, sich selbst zu entscheiden?« Die gesamte Antwort ist unkenntlich gemacht worden, aber es soll niemand sagen, daß Kissingers Außenministerium nicht wußte, daß Portugal berechtigt war, ja sogar das Mandat besaß, freie Wahlen für die Timoresen abzuhalten. Unwahrscheinlich, daß Suharto in der unkenntlich gemachten Antwort seinen Gastgebern versicherte, eine solche offene und freie Wahl würde von Kandidaten gewonnen werden, die eine Annexion durch Indonesien befürworteten.

Am 9. November 1979 veröffentlichte Jack Andersons Pressedienstkolumne ein Interview mit Ex-Präsident Ford über Osttimor zusammen mit einer Reihe für geheim erklärter US-Nachrichtendienstdokumente, die im Kontext mit der Aggression von 1975 stehen. In einem der Dokumente wird dargestellt, daß Indonesiens Generale Suharto drängten, »eine direkte militärische Intervention zu genehmigen«, während ein anderes Dokument Ford und Kissinger darüber informiert, daß Suharto das Thema Osttimor bei ihrem Treffen im Dezember 1975 anschneiden und »versuchen [würde], eine wohlwollende Haltung zu entlocken«. Der relativ arglose Ford erzählte Anderson bereitwillig, daß das amerikanische nationale Interesse »auf Seiten Indonesiens stehen mußte«. Vielleicht war ihm klar, vielleicht auch nicht, daß er damit alles, was Kissinger jemals zu diesem Thema gesagt hat, als Lüge entlarvte.

Ein dreckiger Job in Washington?

Wie wir bisher mehr als einmal gesehen haben, neigt Kissinger dazu, seiner Politik eine persönliche Note zu geben. Seine Politik hat direkt und wissentlich zum Tod von Hunderttausenden von anonymen Menschen geführt, aber zu ihr gehörte auch, bestimmte unbequeme Einzelpersonen ins Visier zu nehmen: General Schneider, Erzbischof Makarios, Scheich Mujibur Rahman. Und mehr als einmal konnten wir einen kurzen Blick darauf erhaschen, daß Kissinger besonderen Gefallen an Rache findet.

Gut möglich, daß diese beiden Neigungen in einem einzelnen Fall zusammentreffen: in dem Plan, Elias P. Demetracopoulos zu entführen und zu ermorden, einen herausragenden griechischen Journalisten mit unerreichten Verdiensten im Widerstand gegen die Diktatur, die sein Heimatland zwischen 1967 und 1974 verunstaltete. Während dieser Jahre machte er Washington (D. C.) zu seiner zweiten Heimat und verdiente sich seinen Lebensunterhalt als Berater einer angesehenen Wall-Street-Kanzlei. Unzählige Senatoren, Kongreßabgeordnete, Regierungsmitarbeiter, Diplomaten und Reporter haben den außergewöhnlichen Einmannfeldzug des Lobbyismus und der Information bezeugt, den er gegen die Militärverbrecher führte, die in Athen die Macht an sich gerissen hatten. Da dieselbe Junta die Sympathie mächtiger Interessengruppen in Washington genoß, war Demetracopoulos gezwungen, an zwei Fronten zu kämpfen. Dabei machte er sich einige einflußreiche Feinde.

Nach dem Zusammenbruch der griechischen Diktatur im Jahr 1974 erhielt Demetracopoulos Zugang zu den geheimen Polizeiakten in Athen und fand dort bestätigt, was er schon lange vermutet hatte: Es war mehr als nur ein Versuch unternommen worden, ihn zu entführen und zu beseitigen. Akten im Besitz der KYP – des griechischen Pendants zur CIA – förderten zutage, daß sich der damalige Diktator Georgios Papadopoulos und sein stellvertretender Sicherheitschef Michael Roufogalis mit genau diesem Ziel vor Augen mehrfach mit der griechischen Militärmission in Washington in Verbindung gesetzt hatten. Gestempelt mit den Worten »COSMIC: Streng vertraulich« – der höchsten griechischen Geheimhaltungsstufe –, umfaßte diese Kommunikation eine Fülle von Komplotten. Gemeinsam war ihnen der Wunsch, dafür zu sorgen, daß Demetracopoulos aus Washington entführt und in die Heimat zurückgebracht wurde. Ein Attentat in Washington hätte womöglich peinlich werden können; überdies scheint das Bedürfnis bestanden zu haben, Demetracopoulos zu verhören, bevor man sich seiner entledigte. (Die griechische Junta wurde 1970 aus dem Europarat ausgeschlossen wegen ihres systematischen Einsatzes der Folter gegen politische Gegner; die Folterer wurden nach 1974 in einer Reihe von öffentlichen Prozessen in Athen zu langjährigen Haftstrafen verurteilt.) Ein Vorschlag bestand darin, Demetracopoulos an Bord einer griechischen Zivilmaschine zu schmuggeln, ein anderer, ihn in ein griechisches Militärflugzeug zu stecken, ein weiterer, ihn an Bord eines U-Boots zu bringen. Wenn die Irrationalität und die Manie unter den Führern der Junta nicht zweifelsfrei belegt wäre, könnte man versucht sein, zumindest den dritten dieser Pläne als reines Hirngespinst abzutun.

Besonders ein Satz fällt in den COSMIC-Telegrammen auf:

> »Wir können uns auf die Kooperation der verschiedenen Dienste der amerikanischen Regierung verlassen, rechnen jedoch mit einer scharfen Reaktion des Kongresses.«

Dies war eine nüchterne Einschätzung: Die CIA und besonders der Nationale Sicherheitsrat waren notorisch freundlich zur Junta, wohingegen Demetracopoulos den Vorzug genoß, viele Freunde unter den Senatoren und Kongreßabgeordneten zu haben.

In dem Bestreben herauszufinden, um welche Art »Kooperation« es sich gehandelt haben könnte, schaltete Demetracopoulos 1976 einen Rechtsanwalt ein – William A. Dobrovir von der Washingtoner Kanzlei *Dobrovir, Oakes and Gebhardt* – und reichte unter Berufung auf den *Freedom of Information Act* und den *Privacy Act* Klage ein. Es gelang ihm, Einblick in viele Hunderte von Dokumenten des FBI, der CIA, des Außen- und Justizministeriums sowie des Pentagons zu erhalten. Zahlreiche Unterlagen ließen erkennen, daß Kopien an den Nationalen Sicherheitsrat gegangen waren, damals die Domäne von Henry Kissinger. Doch Anfragen mit der Bitte um Akteneinsicht auch dort blieben erfolglos. Wie bereits zuvor bemerkt, hatte Kissinger beim Ausscheiden aus dem Amt seine Akten außer Reichweite geschafft – er kopierte sie, erklärte sie für »persönlich« und übertrug sie der Kongreßbibliothek unter der Bedingung, daß sie unter Verschluß gehalten wurden. Folglich stieß Demetracopoulos auf eine unüberwindliche Mauer, als er das Gesetz in dem Versuch bemühte, etwas vom Nationalen Sicherheitsrat zu erhalten. Im März 1977 jedoch reagierte der Nationale Sicherheitsrat schließlich auf wiederholte juristische Initiativen, indem er das skelettartige Computerverzeichnis der Akten herausgab, die über Demetracopoulos geführt worden waren. Nicht weiter ungewöhnlich, daß der folgende Abschnitt seine Aufmerksamkeit erregte, als er diese Unterlagen durchblätterte:

> »7024513 DOKUMENT = 5 VON 5 SEITEN = 1 VON 1 SCHLÜSSELWORTE ERWIDERUNG SENATOREN MOSS BURDICK GRAVEL BETREFF MR DEMETRACOPOULOS TOD IN ATHENER GEFÄNGNIS DATUM 18. 12. 70«

»Tja, es kommt nicht jeden Tag vor«, sagte Demetracopoulos, als ich ihn interviewte, »daß man in einem staatlichen Dokument von seinem Tod erfährt.« Sein Anwalt mußte ihm zustimmen, und er richtete mehrere Schreiben an Kissinger, in denen er um Abschriften der Akte bat, auf die sich das Verzeichnis bezog. Sieben Jahre lang lehnte es Kissinger ab, Demetracopoulos' Anwalt zu antworten. Als er es dann schließlich doch tat, geschah dies nur über seinen Rechtsanwalt, der schrieb, daß

> »Anstrengungen unternommen wurden, die Sammlung nach Kopien der Dokumente zu durchsuchen, die auf die zur Verfügung gestellte Beschreibung passen. (...) Solche Kopien konnten nicht gefunden werden.«

»Anstrengungen« ist natürlich ein Euphemismus, der für eine äußerst oberflächliche und flüchtige Untersuchung stehen könnte. Bleibt die Frage: Wußte Kissinger von oder billigte oder war er gar Teil dieser »Kooperation der verschiedenen Dienste der amerikanischen Regierung«, auf die sich ausländische Despoten verließen im Zusammenhang mit einem Plan, der Entführung, Folter und Hinrichtung umfaßte?

Um mit einer naheliegenden Frage zu beginnen: Warum sollte jemand von Kissingers Format von der Existenz eines einzelnen regimekritischen Journalisten wissen oder sich dafür interessieren? Diese Frage ist recht einfach zu beantworten: Die Unterlagen beweisen, daß Kissinger sehr genau wußte, wer Demetracopoulos war, und daß er ihn haßte. Die beiden Männer waren sich 1956 in Athen begegnet, als Demetracopoulos für den zu Besuch im Land weilenden Professor ein Mittagessen im *Grand Bretagne Hotel* gab. Während des folgenden Jahrzehnts gehörte Demetracopoulos zu den führenden Köpfen jener Leute, die vor einer militärischen Intervention in Griechenland warnten und dagegen Widerstand leisteten. Die CIA war im allgemeinen für eine solche Intervention und unterhielt enge Kontakte zu denjenigen, die sie planten. Im November 1963 unterschrieb John McCone, der damalige Direktor der CIA, eine interne Mitteilung, in der um »stichhaltiges negatives Datenmaterial« gebeten wurde, »das verwendet werden kann, um [Demetracopoulos] in Zukunft die Einreise in die USA zu verweigern«. Solche negativen Informationen standen nicht zur Verfügung, und als der Putsch dann erfolgte, konnte sich Demetracopoulos in Washington (D. C.) niederlassen und seinen Exilfeldzug beginnen.

Er begann ihn recht vielversprechend, indem er belastende Informationen über die 1968er Wahlkampagne von Nixon und Agnew lieferte. Dieser Kampagne – durch den Verrat der Vietnamfriedensverhandlungen bereits ohnehin schwer belastet – erhielt illegale Spenden von der griechischen Militärdiktatur.

Das Geld stammte von Michael Roufogalis von der KYP; ein ultrakonservativer griechisch-amerikanischer Geschäftsmann namens Thomas Pappas, Thomas A. übergab es an John Mitchell. Es handelte sich um 549 000 Dollar, für die damalige Zeit ein ansehnlicher Betrag. Ihr Empfang war gleich in zweierlei Hinsicht illegal: Ausländischen Regierungen ist es verboten, Wahlkampfspenden zu leisten (wie Ausländern ganz allgemein), und angesichts der Tatsache, daß die KYP Subventionen der CIA erhielt, bestand darüber hinaus die Gefahr, daß amerikanisches Nachrichtendienstgeld in den amerikanischen politischen Prozeß zurückfloß – was eine direkte Verletzung der Geschäftsordnung der CIA wäre.

Demetracopoulos ging mit seinen Erkenntnissen zu Larry O'Brien, dem Vorsitzenden des Vorstands der Demokratischen Partei, der daraufhin eine Untersuchung über die Aktivität von Pappas und die herzlichen Beziehungen zwischen dem Nixon-Agnew-Wahlkampf und der Junta in Athen beantragte. Eine Reihe von Historikern hat seitdem darüber spekuliert, ob es Beweise für diese »griechische Connection« waren mit ihrem gewaltigen Schadenspotential, die Nixons und Mitchells Einbrecher suchten, als sie im Schutz der Nacht in O'Briens Watergate-Büro eindrangen. Beträchtliches Gewicht erhält diese Meinung durch eine herausragende Tatsache: Als Nixons Weißes Haus nach »Schweigegeld« für die Einbrecher suchte, wandte man sich an Thomas Pappas, der es zur Verfügung stellen sollte.

Elias Demetracopoulos' brisantes Wissen um dieses schmutzige Geheimnis und seine unablässige Lobbyarbeit im Kongreß und in der Presse gegen Nixons und Kissingers Marionettenregime in Athen erregte unwillkommene Aufmerksamkeit. Später verklagte er sowohl das FBI als auch die CIA – er war der erste, der damit Erfolg hatte – und erhielt von beiden Diensten die schriftliche Zusicherung, daß sie »keinerlei abträgliche Informationen« über ihn besäßen. Während die Klagen liefen, gestand der damalige FBI-Direktor William Webster ein, daß Demetracopoulos zu folgenden Zeiten unter »ausgedehnter Überwachung« gestanden hatte: vom 9. November 1967 bis zum 2. Oktober 1969, vom 25. August 1971 bis zum 14. März 1973 und vom 19. Februar bis zum 24. Oktober 1974.

Ohne sich des genauen Umfangs dieser Überwachung bewußt zu sein, bekam Demetracopoulos doch mehr als einmal deutlichen Druck zu spüren. Am 7. September 1971 speiste er im schicken Washingtoner *Jockey Club* mit Nixons oberstem Handlanger, Murray Chotiner, zu Mittag. Der sagte ihm unverblümt: »Finger weg von Pappas. Sie könnten in Schwierigkeiten geraten. Sie könnten abgeschoben werden. Es geht hier nicht um feine Politik. Sie wissen, daß Tom Pappas ein Freund des Präsidenten ist.« Am 27. Oktober 1971 speiste Demetracopoulos mit dem Journalisten Robert Novak im *Sans Souci* zu Mittag und wurde dabei von Pappas persönlich bedroht. Dieser kam von einem Nachbartisch, um ihm und Novak zu sagen, daß er jedem Schwierigkeiten machen könne, der wollte, daß gegen ihn, Pappas, Ermittlungen angestellt würden. Einige Zeit zuvor, am 12. Juli, hatte Demetracopoulos vor dem Unterausschuß für europäische Angelegenheiten des Auswärtigen Ausschusses des Repräsentantenhauses unter Vorsitz des Kongreßabgeordneten Benjamin Rosenthal aus New York über Pappas' Einfluß auf die amerikanische Außenpolitik und die Athener Diktatur (und *vice versa*) ausgesagt. Bevor seine mündliche Aussage gedruckt werden konnte, erschien ein Anwalt des Justizministeriums im Büro des Unterausschusses und verlangte eine Abschrift der Aussage. Demetracopoulos hatte zu diesem Zeitpunkt, am 17. September, demselben Unterausschuß ein Memorandum über Pappas' Aktivität vorgelegt. Seine schriftliche Aussage schloß mit den Worten: »Schließlich habe ich dem Unterausschuß gesondert urkundliche Beweisstücke vorgelegt, von denen ich glaube, daß sie nützlich sein werden.« Diese Aussage löste »im Weißen Haus Nixons extreme Nervosität aus«, schrieben Rowland Evans und Robert Novak in ihrer Pressedienstkolumne.

Spätere Enthüllungen haben uns mit dem teils mafiösen, teils bananenrepublikartigen Klima Washingtons in jenen Jahren vertraut gemacht; dennoch war Demetracopoulos schokkiert, ein Schreiben von Louise Gore zu erhalten. Frau Gore ist zwischenzeitlich bekannter geworden als Cousine des ehemaligen Vizepräsidenten Al Gore und Eigentümerin des *Fairfax Hotel* in Washington (D. C.), in dem der Politiker aufwuchs. Damals war sie recht bekannt als republikanische Senatorin aus Maryland und als die Frau, die Spiro Agnew mit Richard Nixon zusammengebracht hatte. Sie war eng befreundet mit Justizminister Mitchell und war zu Nixons Vertreterin bei der UNESCO ernannt worden. Demetracopoulos wohnte, wie viele Kongreßabgeordnete und Politiker, als Dauermieter in ihrem Hotel. Außerdem waren sie seit 1959 befreundet. Am 24. Januar 1972 schrieb sie ihm:

> »Lieber Elias,
> gestern war ich bei Perles [Perle Mestas*] Lunch für Martha Mitchell und saß neben [Justizminister] John [Mitchell]. Er ist wütend auf dich – und deine Aussage gegen Pappas. Er hat immer wieder gedroht, dich abschieben zu lassen!!
>
> Zuerst versuchte ich ihn zu fragen, ob er irgendeinen Grund hätte anzunehmen, du könntest ausgewiesen werden, aber er hatte keine Antwort darauf – Versuchte dann aber zu kontern, indem er mich fragte, was ich über dich wisse und warum wir befreundet seien.
>
> Es artete richtig aus. Während des Essens wollte er über nichts anderes reden, und jeder am Tisch hörte zu (...).«

---

* Perle Mesta: eine ehemalige US-Diplomatin.

Unter den Gästen befanden sich auch George Bush, damals Botschafter bei den Vereinten Nationen, sowie zahlreiche andere Diplomaten. Die fehlende Selbstbeherrschung des Justizministers und sein Mangel an Takt, bei einem solchen Anlaß und noch dazu am Tisch der legendären Gastgeberin Perle Mesta, waren offensichtlich Ausdruck einer beträchtlichen Irritation, ja sogar Wut.

Ich berichte dies, um zu illustrieren, daß Demetracopoulos überwacht wurde, daß er Informationen besaß, die für einen wichtigen Nixon-Kissinger-Mandanten extrem schädlich waren, und daß seine Identität den Machthabern sehr wohl bekannt war, sowohl in Washington als auch in Athen. Henry Tasca, damals US-Botschafter in Athen, war ein Nixon-und-Kissinger-Kumpan mit einer ausgesprochen nachsichtigen Haltung gegenüber der Diktatur. (Später sagte er in nichtöffentlicher Sitzung des Kongresses aus, daß er von den Zahlungen der griechischen Geheimpolizei an die Wahlkampagne von Nixon aus dem Jahr 1968 gewußt habe.) Im Juli 1971, kurz nachdem Demetracopoulos vor dem Untersuchungsausschuß des Kongreßabgeordneten Rosenthal aussagte, schickte Tasca ein vierseitiges Geheimtelegramm aus Athen. Es begann so:

> »Ich vertrete bereits seit einiger Zeit die Ansicht, daß Elias Demetracopoulos der Kopf einer gut organisierten Verschwörung ist, die eine gewissenhafte Untersuchung verdient. Wir haben gesehen, wie wirksam er unsere aktuelle Griechenlandpolitik bekämpft hat. Seine Absicht ist es, unsere Beziehungen zu Griechenland zu schädigen, unsere NATO-Allianz zu lockern und die Sicherheitslage der USA im östlichen Mittelmeerraum zu schwächen.«

Dies hieß ja wohl, daß man Demetracopoulos ernst nahm. Genau wie die Schlußabsätze des Geheimtelegramms:

> »Daher möchte ich Sie persönlich auf diese Angelegenheit aufmerksam machen in der Hoffnung, daß ein Weg gefunden wird, ein Ermittlungsverfahren gegen Demetracopoulos einzuleiten, um seine Geldgeber, seine Geldquellen, seine Absichten, seine Methoden und seine Mitverschwörer zu identifizieren. (...)
>
> Ich trage diese Angelegenheit jetzt an Sie heran, weil ich glaube, daß er als ausländischer Gast der Vereinigten Staaten womöglich einer Überprüfung und professionellen Ermittlung durch das FBI unterzogen werden kann, die den Schleier der Geheimnisses zumindest teilweise lüften könnten.«

Das Telegramm war – wie üblich bei einem Botschafter – an Außenminister William Rogers adressiert. Doch es war gleichzeitig – höchst ungewöhnlich – an Justizminister John Mitchell gerichtet. Mitchell war, wie wir gesehen haben, der einzige Justizminister, der je in Henry Kissingers *40 Committee* diente.

Das Außenministerium drängte nun darauf, daß »das Justizministerium alles in seiner Macht stehende unternahm, um festzustellen, ob man eine Anklage als ausländischer Spion oder, was das betrifft, überhaupt eine Anklage« gegen Demetracopoulos zusammenbekomme. Diese Ermittlungen förderten natürlich, wie später eingeräumt wurde, nichts zutage, da sich Demetracopoulos' Einfluß aus keiner finsteren Quelle speiste. Seine Aussage dagegen, daß die griechische Diktatur die eigene Gesellschaft mit Füßen trat, Zensur und Folter einsetzte, Zypern bedrohte und sich politischen Einfluß in Washington erkaufte, war die reine Wahrheit. Nixon selbst bestätigte die Verbindung zwischen der Junta und Pappas und Tasca auf einem Nach-Watergate-Tonband des Weißen Hauses, datiert auf den 23. Mai 1973. Er unterhält sich mit seiner berühmten Privatsekretärin Rose Mary Woods:

> »Der gute alte Tom Pappas hat, wie Sie wahrscheinlich wissen oder gehört haben, und falls nicht, es stimmt, hat auf Mitchells Bitten hin geholfen, Geld für einige der Angeklagten zu sammeln. (...) Pappas ist am 7. März bei mir gewesen. Pappas ist wegen des Botschafters in Griechenland zu mir gekommen, er wollte – nun, er wollte, daß [Henry] Tasca dort bleibt.«

Ebendiese Diktatur hatte im Juni 1970 Demetracopoulos die griechische Staatsbürgerschaft aberkannt, wodurch er ein Staatenloser wurde, der nur mit einem dürftigen Dokument reiste, das ihm erlaubte, wieder in die Vereinigten Staaten zurückzukehren. Diese Tatsache erhielt besondere Bedeutung im Dezember 1970, als sein blinder Vater ganz allein in Athen an Lungenentzündung starb. Demetracopoulos ersuchte um die Genehmigung, unter Zusicherung von freiem Geleit nach Hause zurückzukehren, und konnte dafür zahlreiche befreundete Kongreßabgeordnete gewinnen. Zu den Unterzeichnern eines Briefs am 11. Dezember an die griechische Regierung und an Botschafter Tasca gehörten die Senatoren Frank E. Moss aus Utah, Quentin N. Burdick aus North Dakota und Mike Gravel aus Alaska. Die Senatoren Kennedy und Fulbright äußerten ebenfalls ihr persönliches Interesse an dem Fall.

Weder das Athener Regime noch Tasca antwortete direkt, aber am 20. Dezember, vier Tage, nachdem der alte Mann gestorben war, ohne seinen einzigen Sohn noch einmal gesehen zu haben, erhielten die Senatoren Moss, Burdick und

Gravel ein Telegramm der griechischen Botschaft in Washington. Darin wurden sie unterrichtet, daß Demetracopoulos persönlich einen entsprechenden Antrag an die Botschaft hätte stellen müssen – eine merkwürdige Forderung an einen Mann, dessen Paß gerade erst von der Diktatur für nichtig erklärt und dem die Staatsbürgerschaft aberkannt worden war. Unterdessen erhielt Demetracopoulos einen Anruf von Senator Kennedy, der ihm riet, selbst dann kein freies Geleit anzunehmen, wenn Griechenland es ihm anbot. Hätte sich Demetracopoulos persönlich in der Botschaft der Junta eingefunden, wäre er vermutlich verhaftet und entführt worden entsprechend einem der Pläne, von denen wir heute wissen, daß sie für sein »Verschwinden« vorbereitet worden waren. Natürlich wäre ein solches Komplott ohne eine gewisse »Kooperation« von ortsansässigen amerikanischen Geheimdienstleuten nur äußerst schwer zu verwirklichen gewesen.

Freigegebene Telegramme zwischen Botschafter Tasca in Athen und Kissingers Stellvertreter Joseph Sisco im Außenministerium belegen, daß die Bedenken von Senator Kennedy mehr als gerechtfertigt waren. In einem Telegramm vom 14. Dezember 1970 schrieb Sisco an Tasca: »Sollte REG [die Regierung Griechenlands] Demetracopoulos die Einreise gestatten, müssen wir auf jeden Fall vermeiden, in eine Lage zu geraten, irgendwelche Zusicherungen zu geben, die es ihm ermöglichen könnten abzureisen.« In Ergänzung dieser ungewöhnlichen Feststellung fügte Tasca hinzu, es sei möglich, daß Senator Gravel der Beerdigung von Demetracopoulos senior beiwohne. Elias, schrieb der Botschafter, hege »zweifellos die Hoffnung, den Besuch des Senators dazu zu nutzen, auf irgendeine Art zu beweisen, daß die Bedingungen hier so repressiv sind, wie er sie immer dargestellt hat. Er könnte sogar versuchen, einen Beweis für diese Gewalt zu liefern wie zum Beispiel eine kleine Bombe.«

Über Demetracopoulos liegen keinerlei Hinweise vor, daß er jemals Gewalt befürwortete oder anwandte, was Tasca unbewußt dadurch anerkannte, daß er die hypothetische Bombe »klein« machte. Hinter dieser Absurdität lauert aber auch eine finstere Seite. Hier wird ein Vorwand von genau jener Art geliefert, wie ihn die Junta für ein Komplott oder zur Vertuschung eines »Verschwindens« hätte brauchen können. Die gesamte Korrespondenz stinkt geradezu nach den unausgesprochenen Absichten sowohl der Botschaft als auch des Außenministeriums; darin spiegelt sich die Geringschätzung von gewählten Senatoren wider, die Abneigung gegenüber anderen Meinungen und das Bedürfnis, griechische Gangster zufriedenzustellen, die heute ganz zu Recht lebenslange Haftstrafen absitzen.

Werfen wir noch einmal einen Blick auf das Computerverzeichnis, das der Nationale Sicherheitsrat nach jahrelangem Rechtsstreit widerwillig aus Kissingers Akten herausgerückt hat. Es trägt das Datum des 18. Dezember 1970 und scheint die Senatoren Moss, Burdick und Gravel davon in Kenntnis zu setzen, daß Demetracopoulos in einem Athener Gefängnis den Tod gefunden habe. War dies ein Ausweichplan? Eine Tarngeschichte? Solange Dr. Kissinger bei seinem beharrlichen Schweigen bleibt und auf der Kontrolle über seine »privaten« Staatsdokumente beharrt, wird dies unmöglich zu ermitteln sein.

Das gleiche gilt für den zweiten Anschlagversuch gegen Demetracopoulos, von dem wir wissen. Nachdem er der Falle entgangen war, die ihm 1970 wohl gestellt werden sollte, setzte Demetracopoulos sein Sperrfeuer mit zugespielten Informationen und Enthüllungen fort; es war darauf ausgerichtet, die griechische Junta zu diskreditieren und ihre amerikanischen Freunde in Verlegenheit zu bringen. Er warnte auch vor den gegen die Unabhängigkeit Zyperns gerichteten Plänen der Junta und vor der amerikanischen Gleichgültigkeit (oder Komplizenschaft) bei dieser Politik. In dieser Eigenschaft wurde er für Henry Kissinger zu einem ständigen Quell des Ärgers. In einer Anweisung von Präsident Gerald Ford vom Oktober 1974 finden sich Anspielungen auf eine »Überwachungsakte«, auf »das abfällige Memo« und auf »das lange Kissinger-Memo« über Demetracopoulos. Trotz wiederholter Bitten der Rechtsanwälte hat Kissinger es einmal mehr abgelehnt, Fragen zum Verbleib dieser Akten zu beantworten oder Auskunft über ihren Inhalt zu geben. Der Nationale Sicherheitsrat allerdings bat das FBI, alle Information zusammenzutragen, die Demetracopoulos diskreditieren könnten. Laut den inzwischen freigegebenen Akten aus der Zeit zwischen 1972 und 1974 versorgte das FBI Kissinger mit verleumderischem oder falschem Material, bei dem es unter anderem um eine Affäre ging, die Demetracopoulos mit einer inzwischen verstorbenen Frau gehabt haben soll, und um eine Beziehung zwischen ihm und Daniel Ellsberg, einem Mann, dem er nie begegnet ist.

Dies alles mag trivial erscheinen, wären da nicht die Memoiren, *In the Fist Line of Defense*, von Konstantin Panayotakos, dem Botschafter der griechischen Junta in Washington (D. C.). Darin schreibt er, bei seinem Amtsantritt im Februar 1974

> »wurde ich über gewisse Pläne unterrichtet, Elias Demetracopoulos zu entführen und nach Griechenland zu bringen; Pläne, die mich an KGB-Methoden erinnerten. (...) Am 29. Mai wurde mir von Angelos Vlachos, Generalsekretär im [griechischen] Außenministerium, ein Dokument übermittelt, in dem die Ansichten von US-Botschafter Henry Tasca, mit denen er [Vlachos] übereinstimmte, über die wirksamsten

Methoden dargelegt wurden, sich mit den Verschwörungen und Aktivitäten von Demetracopoulos auseinanderzusetzen. Tascas Ansichten finden sich im Protokoll eines Gesprächs mit Außenminister Spyridon Tetenes vom 27. Mai wieder.

Schließlich wurde mir am 12. Juni eine weitere glänzende Idee der glänzendsten Mitarbeiter des Außenministeriums in Athen übermittelt. Ich sollte nützliche Hinweise über *Vernichtung* von Elias Demetracopoulos bei George Churchill einholen, Leiter der Griechenlandabteilung im amerikanischen Außenministerium, einem seiner haßerfülltesten Gegner.« (Hervorhebung durch den Autor)

(Das kursiv gesetzte Wort lautet auf griechisch »exoudeterosi«. Es ist ziemlich hart. Normalerweise bedeutet es »Ausrottung« oder auch »Eliminierung«. Es handelt sich also nicht um die Möglichkeit, einer Person Unannehmlichkeiten oder Schwierigkeiten zu bereiten, sondern darum, sie für immer loszuwerden.) Später schrieb Botschafter Panayotakos in einem detaillierten Brief, der sich in meinem Besitz befindet, daß er aus erster Hand Kenntnis von einem Plan habe, Demetracopoulos aus Washington zu entführen. Seine Aussage wird untermauert von einer von Charalambos Papadopoulos unterzeichneten eidesstattlichen Erklärung, die sich ebenfalls in meinem Besitz befindet. Papadopoulos war damals der politische Berater der griechischen Botschaft, der dritte Mann in deren Hierarchie; er wurde Ende Mai oder Anfang Juni 1974 von Botschafter Panayotakos und seinem stellvertretenden Militärattaché Oberstleutnant Sotiris Yiounis zum Lunch in den nahegelegenen *Jockey Club* gebeten. Bei diesem Mittagessen schnitt Yiounis die Frage der Entführung von Demetracopoulos an, der an

Bord eines griechischen NATO-U-Boots in einem Hafen in Virginia verschleppt werden sollte.

Papadopoulos, der zu dem Zeitpunkt, als er seine eidesstattliche Erklärung ablegte, griechischer Botschafter in Pakistan war, hat inzwischen gesagt, ihm sei versichert worden, daß Henry Kissinger in vollem Umfang über die beabsichtigte Operation informiert gewesen sei. Zu dieser Zeit blieben der griechischen Junta wegen ihrer Verbrechen auf Zypern nur noch wenige Wochen. Seit dem Sturz der Diktatur sind noch umfangreichere Beweise für die Attentatspläne der Junta aufgetaucht, allerdings nur in Athen. Doch handelte es sich hier um ein Regime, das niemals ohne »Wissen« Washingtons handelte. In Washington wurde ebenfalls versucht, weitere Einzelheiten zutage zu fördern. 1975 baten die Senatoren George McGovern und James Abourezk, unterstützt vom Kongreßabgeordneten Don Edwards vom Geheimdienstausschuß des Repräsentantenhauses, Senator Frank Church darum, das Entführungskomplott gegen Demetracopoulos in die Untersuchungen seines berühmten Ausschusses über amerikanische Nachrichtendienste aufzunehmen. Wie zuerst von der *New York Times* berichtet und dann von Seymour Hersh bestätigt, intervenierte Kissinger persönlich bei Church und führte ernste, aber nicht näher bezeichnete Fragen der nationalen Sicherheit an, um Ermittlungen über diese Frage zu verhindern.

Manches hiervon mag phantastisch erscheinen, aber wir wissen, daß Kissinger eine Vendetta gegen Demetracopoulos führte (ebenso wie Botschafter Henry Tasca); wir wissen, daß Kissinger in Absprachen mit der griechischen Junta auf höchster Ebene verwickelt war und im Vorfeld Kenntnis hatte von dem Plan, Erzbischof Makarios zu ermorden; und wir wissen, daß er die amerikanische Botschaft in Chile benutzt hatte, um Waffen für den Auftragsmord an General René Schneider zu schmuggeln. Auch in diesem Fall lautete die Tarngeschichte, daß die gedungenen Mörder »nur« versuchen sollten, ihr Opfer zu entführen.

Die hier zum erstenmal vollständig dargestellte Geschichte von Elias P. Demetracopoulos belegt *prima facie*, daß Henry Kissinger zumindest von einem Plan wußte, einen Zivilisten und Journalisten in Washington zu entführen, zu verhören und mit ziemlich hoher Wahrscheinlichkeit zu töten. Um sich von diesem Verdacht zu befreien und um die mysteriöse Anspielung auf Demetracopoulos' Tod in den eigenen Archiven zu erklären, muß Kissinger nur ebendiese Archive zugänglich machen oder aber durch ein Gericht dazu gezwungen werden.

Nachwort: Die Gewinnspanne

Bei seiner denkwürdigen Besprechung im Außenministerium am 18. Dezember 1975, kurz nach seiner Kungelei mit den indonesischen Generalen in Sachen Osttimor, gibt der wütende Kissinger die folgende seltsame Erklärung ab:

> »Es ist mir gleichgültig, ob wir an Indonesien Ausrüstung verkaufen oder nicht. Ich habe nichts davon. Ich bekomme keine Prozente.«

Man könnte es für selbstverständlich erachten, daß ein amtierender Außenminister kein direktes Interesse am Verkauf von Waffen an eine ausländische Diktatur hat; niemand bei dieser Besprechung hatte so etwas auch nur angedeutet. Wie eigenartig, daß Kissinger eine Behauptung dementierte, die nicht erhoben, und eine Frage beantwortete, die nicht gestellt worden war.

Es kann nicht mit Sicherheit gesagt werden, ab welchem Zeitpunkt genau Kissinger persönlich von seiner Zusammenarbeit mit den herrschenden Kreisen Indonesiens profitierte; es kann auch nicht definitiv behauptet werden, daß dieser Profit Teil eines »Übereinkommens« war, das 1975 seinen Ursprung nahm. Und doch besteht eine perfekte Übereinstimmung zwischen Kissingers außenpolitischem Rat und seinen Geschäftsbeziehungen. Man könnte es eher »Interesseneinklang« als »Interessenkonflikt« nennen.

Sechs Jahre nach seinem Ausscheiden aus dem Amt hat Kissinger ein privates Beratungsunternehmen namens *Kissinger Associates* gegründet, dessen Zweck darin besteht, Kontakte zwischen multinationalen Firmen und ausländischen Regierungen herzustellen und zu verbessern. Die Kundenliste ist geheim, Verträge mit den Partnern, den *Associates*, enthalten eine Klausel, die jede Erwähnung von Vereinbarungen mit Kunden untersagt. Zu den Kunden gehören oder gehörten *American Express*, *Shearson Lehman*, *Arco*, *Daewoo of South Korea*, *H. J. Heinz*, ITT, *Lockheed Corporation*, *Anheuser-Busch*, die *Banco Nazionale del Lavoro*, *Coca-Cola*, *Fiat*, *Revlon*, *Union Carbide* und die *Midland Bank*. Kissingers erste Partner waren General Brent Scowcroft und Lawrence Eagleburger, die beide eng mit ihm zusammengearbeitet hatten in der Außen- und Sicherheitspolitik.

Man könnte zahlreiche Beispiele der Übereinstimmung zwischen den Interessen von Kissingers Firma und seinen politischen Erklärungen anführen. Der bekannteste Fall bezieht sich auf die Volksrepublik China. Kissinger half mehreren amerikanischen Mischkonzernen, vor allem *H. J. Heinz*, zu einem Zugang auf den chinesischen Markt. Wie Anthony J. F. O'Reilly, der Vorstandsvorsitzende von *Heinz*, es überschwenglich formulierte:

> »Kissinger und seine Partner leisten einen entscheidenden Beitrag, und wir finden, daß sie besonders hilfreich in Ländern mit einer eher zentral geplanten Wirtschaft sind, wo die Hauptakteure und die Beziehungsgeflechte zwischen ihnen von entscheidender Bedeutung sind. Dies trifft besonders für China zu, wo Kissinger eine populäre Figur ist und mit besonderem Respekt behandelt wird. In China war es uns im Prin-

zip schon weitgehend gelungen, Babynahrung am Markt durchzusetzen, bevor Henry eingeschaltet wurde. Als wir uns aber zu diesem Schritt entschlossen, hatte er einige praktische Punkte anzubieten, wie zum Beispiel hinsichtlich der Beziehungen zwischen Taiwan und Peking. Er half uns darauf zu achten, keine Schritte zu unternehmen, die uns in Peking eher geschadet hätten. Seine Bedeutung variiert natürlich von Markt zu Markt, aber wahrscheinlich ist er am besten beim Helfen mit Kontakten in jener Schattenwelt, wo das zählt.«

Der chinesische Begriff für jene Grauzone schattenhafter Transaktionen ist *guan-xi.* Weniger vorverurteilend würde man es wahrscheinlich als »Zugang« übersetzen. Babynahrung in China zu verkaufen erscheint harmlos genug, als aber das chinesische Regime 1989 auf dem Platz des Himmlischen Friedens seine Waffen gegen die eigenen Kinder richtete, hatte es keinen zuverlässigeren Verteidiger als Henry Kissinger. Heftig gegen Sanktionen wetternd, schrieb er, daß »China viel zu wichtig für die amerikanische nationale Sicherheit bleibt, als daß man die Beziehung wegen tagesaktueller Gefühle aufs Spiel setzen sollte«. Er übernimmt Deng Xiaopings Sicht – oder die jener Rechtskräfte, die Deng vermutlich gedrängt haben – auf die demokratischen Turbulenzen, und fügt an, daß es »keine Regierung der Welt tolerieren würde, wenn der wichtigste Platz ihrer Hauptstadt für acht Wochen von Zehntausenden von Demonstranten besetzt wird«. Vielleicht ganz gut, daß Kissingers Dienste nicht von den stalinistischen Regimes in Rumänien, der Tschechoslowakei und der DDR beansprucht wurden, die sich im selben Jahr genau einer solchen öffentlichen Frechheit beugten.

Kissingers Einflußhandel war keineswegs auf *Heinz'* nahrhafte Produkte beschränkt. Er war *Atlantic Richfield/Arco* behilflich bei der Vermarktung von in China entdeckten Erdölvorkommen. Er unterstützte ITT (eine Firma, die ihm geholfen hatte, die rechtmäßig gewählte Regierung Chiles zu stürzen) bei der Durchführung einer bahnbrechenden Vorstandssitzung in Peking; ähnliche Dienste leistete er David Rockefeller und der *Chase Manhattan Bank*, die in der chinesischen Hauptstadt eine Versammlung ihres internationalen Beirats abhielt, Treffen mit Deng inklusive.

Sechs Monate vor dem Massaker auf dem Platz des Himmlischen Friedens gründete Kissinger eine Investmentgesellschaft namens *China Ventures* (CV), deren Vorsitzender, Chef und Hauptgesellschafter er selbst war. In der Firmenbroschüre findet sich die hilfreiche Erläuterung, daß sich CV ausschließlich mit solchen Projekten befassen, die »die ungeteilte Unterstützung der Volksrepublik China genießen«. Dieser Schritt erwies sich als verfrüht; das Klima für Investitionen auf dem chinesischen Festland verschlechterte sich wegen der Repressionen nach dem Massaker auf dem Platz des Himmlischen Friedens und durch die zeitlich begrenzten Sanktionen, die der Kongreß deswegen verhängte. Dies trug zweifellos zu Kissingers Verärgerung über die Kritik an Deng Xiaoping bei. Doch solange *China Ventures* existierten, konnte man sich große Aufträge von *American Express*, *Coca-Cola*, *Heinz* und von einem großen Mischkonzern der Bergbaubranche namens *Freeport-McMoRan* sichern.

Viele von Kissingers extremsten Taten und Haltungen ergaben sich, zumindest vorgeblich, aus seinem Antikommunismus. Da ist es amüsant, zu sehen, wie er sich im Interesse eines Regimes ins Zeug legt, welches sichere Investitionen garantieren kann aufgrund einer Einparteienideologie, eines Verbot von Gewerkschaften und eines Systems von Gefängnis und Zwangsarbeit. Doch China ist nicht das einzige Beispiel. Als Lawrence Eagleburger 1984 nach seiner Zeit als Botschafter in Jugoslawien den diplomatischen Dienst verließ, wurde er gleich Partner bei *Kissinger Associates*, Direktor der *LBS Bank* – Tochterunternehmen einer Bank, die sich damals im Besitz des Belgrader Regimes befand – und US-Repräsentant für den *Yugo*-Kleinwagen. Wie es sich gehört, wurde *Yugo* natürlich Kunde von *Kissinger Associates*, genau wie ein jugoslawischer Baukonzern namens *Enerjoprojeckt*. Der *Yugo* ist von besonderem Interesse, da ihn jener große Staatskonzern produzierte, der gleichzeitig Jugoslawiens militärisch-industriellen und waffenproduzierenden Komplex darstellte. Diesen Komplex nutzte später Slobodan Milosevic, ebenso wie die Truppen der einstigen jugoslawischen Volksarmee, um Angriffskriege gegen vier benachbarte Republiken zu führen. Während des gesamten Verlaufs dieser in die Länge gezogenen Krise, und nicht ganz im Gleichklang mit vielen seiner normalerweise eher zu den Falken zählenden Kollegen, drängte Henry Kissinger auf eine Beschwichtigungspolitik gegenüber dem Milosevic-Regime. (Herr Eagleburger kehrte zu gegebener Zeit als stellvertretender Außenminister in den diplomatischen Dienst zurück und wurde für kurze Zeit sogar Außenminister. So kann's gehen.)

Ähnliches kann vom doppelten Engagement der *Associates* für Saddam Hussein gesagt werden. Als Saddam Ende der achtziger Jahre obenauf war, im Wirtschafts- und im Landwirtschaftsministerium in Washington seinen Willen durchsetzte und mit Geld nur so um sich warf (und Giftgas und chemische Waffen gegen irakische Kurden einsetzte, ohne daß auch nur ein Murren aus Washington zu hören war), offerierte das *US-Iraq Business Forum* Kontakte, Verträge und Gelegenheiten in Hülle und Fülle. Der *Associates*-Partner Alan Stoga, der in der

Ära Reagan als Wirtschaftswissenschaftler Kissingers *Commission on Central America* angehört hatte, spielte eine herausragende Rolle bei einer als Dienstreise getarnten Vergnügungstour nach Bagdad. Gleichzeitig vertrat Kissingers Firma die zwielichtige italienische *Banco Nazionale del Lavoro*, von der später bekannt wurde, daß sie Saddams Regime illegale Darlehen gewährt hatte.

Im selben Jahr – 1989 – ging Kissinger seine lukrative Verbindung mit *Freeport-McMoRan* ein, einem weltweit operierenden Unternehmen mit Sitz in New Orleans. *Freeport-McMoRan* macht seine Geschäfte in der althergebrachten Branche der Förderung von Öl, Gas und Erzen. James Moffett, der Vorstandsvorsitzende, hat sich die ihm von Wirtschafts- und Finanzredakteuren verliehenen Ehrentitel wohl zu Recht verdient, ist er doch ohne Zweifel »extravagant«, »freibeuterisch« und ein »Risikokapitalist«.

1989 zahlte *Freeport* 200 000 Dollar Vorschuß sowie Honorare in Höhe von 600 000 Dollar an *Kissinger Associates*, dazu kam die Zusage einer zweiprozentigen Provision auf zukünftige Kapitalanlagen, die aufgrund der Beratungstätigkeit der *Associates* zustande kamen. Außerdem ernannte *Freeport* Kissinger zum Mitglied seines Vorstands, bei einem Jahresgehalt von mindestens 30 000 Dollar. 1990 nahmen zwei Konzerne ihre Unternehmenstätigkeit in Burma auf, dem repressivsten Staat in ganz Südostasien. *Freeport* sollte laut Vertrag nach Öl und Gas bohren, und Kissingers anderer Klient, *Daewoo*, sollte die Fabrik bauen. In jenem Jahr verloren aber die Generale Burmas unter ihrem wunderbaren Titel SLORC (*State Law and Order Restoration Council*, etwa: Staatsrat zur Wiederherstellung von Recht und Ordnung) die Wahlen an die demokratische Opposition unter Führung von Daw Aung San Suu Kyi, woraufhin sie beschlossen, das Ergebnis für ungültig zu erklären. Diese Entwicklung – mehr noch allerdings Forderungen nach Isolierung der burmesischen Junta – erwies sich als ungünstig für die Kissinger-*Freeport-Daewoo*-Triade, und das Angebot wurde fallengelassen.

Im März des darauffolgenden Jahres war Kissinger mit Herrn Moffett in Indonesien und brachte eine über dreißig Jahre laufende Lizenz unter Dach und Fach, die die weitere Ausbeutung einer riesigen Gold- und Kupfermine sicherstellte. Die Mine ist aus drei Gründen von herausragender Bedeutung. Erstens wurde sie als Teil eines Joint Venture mit der indonesischen Militärregierung und mit deren Führer betrieben. Zweitens befindet sie sich auf der Insel Irian Jaya (in einem Gebiet, das früher als Westpapua bekannt war), einem Teil des Archipels, der genau wie Osttimor allein aufgrund willkürlicher Eroberung indonesisch ist. Drittens nahm sie ihren Betrieb 1973 auf – zwei Jahre bevor Henry Kissinger Indonesien besuchte und dessen Machthabern dabei half, ein Blutbad in Osttimor anzurichten, während er gleichzeitig seinen zukünftigen Geschäftspartnern einen steten Nachschub an Waffen sicherte.

Es könnte sich hier um nichts anderes als jenen Interesseneinklang handeln, den ich weiter oben andeutete. Nicht mehr, mit anderen Worten, als ein glücklicher Zufall. Folgendes ist allerdings kein Zufall mehr:

1. *Freeports* gewaltige Grasberg-Mine auf Irian Jaya ist direkter Auslöser einer ökologischen und sozialen Katastrophe. Im Oktober 1995 beschloß die *Overseas Private Investment Corporation* (OPIC), eine Bundesbehörde, die amerikanische Firmen in Übersee unterstützen soll, *Freeports* Kapitalanlageversicherung wegen politischer Risiken zu kündigen – also genau wegen dem Punkt, über den Kissinger 1991 beruhi-

gende Erklärungen verbreitet hatte. Die OPIC kam zu dem Schluß, daß *Freeports* Mine »unzumutbare beziehungsweise massive ökologische und gesundheitliche Gefahren und Sicherheitsrisiken mit sich gebracht hat und weiter mit sich bringt, und zwar im Hinblick auf die mit den Erzabfällen belasteten Flüsse, auf das umliegende Ökosystem und auf die einheimische Bevölkerung«.

2. Bei der »einheimischen Bevölkerung«, die als letzte auf dieser Liste erscheint, handelt es sich um das Volk der Amungme, deren Proteste gegen die Schädigung der Umwelt und die Arbeitsbedingungen in der Mine mit indonesischen Soldaten beantwortet wurden – im Dienst von *Freeport-McMoRan* und unter Befehl von Suharto. Infolge von Massenunruhen, bei denen vier Tote und zahlreiche Verletzte zu beklagen waren, hätte die Mine im März 1996 beinahe geschlossen werden müssen.

Freeport-McMoRan organisierte mit Kissingers Hilfe eine intensive PR-Kampagne in Washington, um wieder in den Genuß einer OPIC-Versicherung zu kommen. Der Preis dafür war die Schaffung eines Treuhandvermögens in Höhe von 100 Millionen Dollar für die Renaturierung des Grasberg-Gebiets, sobald die Bodenschätze – und die Umwelt – ausgebeutet worden sind. Dies alles wurde aber in Frage gestellt durch den Sturz der Diktatur, die Inhaftierung Suhartos und die Offenlegung eines gigantischen Netzes eines »vetternwirtschaftlich gesteuerten Kapitalismus«, in den er selbst, seine Familie, seine Militärkameraden und gewisse bevorzugte multinationale Konzerne verwickelt waren. Diese politische Revolution stellte auch die Unabhängigkeit Osttimors wieder her, wenn auch um den Preis unzähliger Opfer. Es tauchte sogar der Vorschlag auf, eine Untersuchung von Kriegsverbrechen einzuleiten und ein

Menschenrechtstribunal abzuhalten, um zumindest ansatzweise mit den Jahren des Völkermords und der Besetzung abzurechnen. Wieder mußte Henry Kissinger die Zeitungsseiten mit Besorgnis überfliegen und sich fragen, ob ihm noch schlimmere Enthüllungen bevorstanden. Es dürfte als nationale und internationale Blamage gelten, wenn die Antwort auf diese Fragen der ausgebeuteten und schlecht regierten Bevölkerung Indonesiens überlassen wird, statt sie einem amerikanischen Kongreß abzuverlangen, der sich so lange vor seiner Verantwortung gedrückt hat.

Das Thema wartet auf seinen Richter.

Gesetz und Gerechtigkeit

> Auch wenn man nicht mehr tun konnte, als die Zahl der gemeuchelten Kinder zu »bedauern«, so gab es doch Mittel, einen besonderen Aspekt des Prinzips des Zweckdenkens daran zu hindern, allzu großen Schaden anzurichten. Die meisten internationalen Kriminellen standen außerhalb der von Menschen gemachten Gesetze; Dimitrios befand sich zufällig im Geltungsbereich zumindest eines Gesetzes. Er hatte mindestens zwei Morde begangen und daher das Gesetz gebrochen, genauso, als hätte er Hunger leiden müssen und einen Laib Brot gestohlen.
>
> Eric Ambler, *Die Maske des Dimitrios*

Inzwischen begreift Henry Kissinger, daß der Mantel der Immunität, der ihn bis jetzt umgeben hat, zunehmend größere Löcher bekommt. Neueste Entwicklungen im nationalen und internationalen Recht lassen seine Position verwundbarer werden. Der Zweckmäßigkeit halber können die verschiedenen in seinem Fall relevanten Rechtsgebiete unter vier Hauptüberschriften zusammengefaßt werden:

1. Internationale Menschenrechte. Dies umfaßt die großen Konventionen über die Rechte des einzelnen in Beziehung zum Staat; gleichzeitig bietet es dem einzelnen Schutz vor anderen Akteuren in der internationalen Gemeinschaft, die

gegen diese Rechte verstoßen könnten. In Folge der Menschenrechtsdeklaration der Französischen Revolution bestimmen internationale Menschenrechte, daß politische Zusammenschlüsse nur soweit rechtmäßig sind, wie sie die Würde und das Wohl des einzelnen wahren; ein Verständnis, welches das dem »nationalen Interesse« zugestandene realpolitische Privileg in Frage stellt. Die Vereinigten Staaten gelten als Förderer vieler Konventionen und haben darüber hinaus mehrere weitere ratifiziert.

2. Das Kriegsrecht. Eine veränderliche, schwankende Begrifflichkeit, die das allmähliche Entstehen eines rechtlichen Konsenses darüber anzeigt, was während eines Kriegs erlaubt ist und was nicht. Es umfaßt zudem die verschiedenen humanitären Vereinbarungen, die das Kriegsrecht definieren und versuchen, den Widerspruch, der in diesem uralten Streit zwischen Krieg und Recht steckt, soweit wie möglich zu verringern.
3. Internationales Strafrecht. Dies betrifft jeden einzelnen, auch jeden im Dienst eines Staats Handelnden, der direkte und schwere Greueltaten gegen eigene Bürger oder die eines anderen Staats begeht; dazu sind zu rechnen: Völkermord (Genozid), Verbrechen gegen die Menschlichkeit und andere Kriegsverbrechen. Das Statut von Rom, das auch die Einrichtung eines Internationalen Strafgerichtshofs vorsieht für Verfahren gegen Einzelpersonen, einschließlich staatlichen Rechtsbrechern, stellt die kodifizierte Summe dieses Rechts dar, wie es seit dem Präzedenzfall der Nürnberger Prozesse überarbeitet und aktualisiert wurde. Das Statut weist die Unterschriften der meisten Regierungen auf, seit dem 31. Dezember 2000 auch die der Vereinigten Staaten.
4. Nationales Recht und das Recht ziviler Rechtsmittel. Die meisten Regierungen haben vergleichbare Gesetze, die sol-

che Verbrechen wie Mord, Entführung und Diebstahl regeln, und viele behandeln einen Straftäter aus einem anderen Land wie einen aus dem eigenen. Diese Gesetze erlauben in vielen Fällen einem Bürger eines Landes, Rechtsansprüche vor den Gerichten des »Gastlandes« oder dem Land, dessen Staatsbürgerschaft er besitzt, geltend zu machen. In den Vereinigten Staaten stellt der *Alien Tort Claims Act* ein besonders wichtiges Gesetz dar.

Die Vereinigten Staaten sind besonders großzügig, wenn es darum geht, sich selbst Immunität und ihren Staatsdienern zu gewissen Teilen Immunität zu gewähren, gleichzeitig sind sie äußerst nachlässig, wenn es um die Einhaltung internationaler Verträge geht (so wurde die Völkermordkonvention erst 1988 ratifiziert und die Konvention über zivile und politische Rechte erst 1992 unterzeichnet). Und die Bestimmungen des Statuts von Rom, die Kissinger einer strengen Bestrafung aussetzen würden, wären sie denn bereits 1968 Gesetz gewesen, gelten nicht rückwirkend. Die Nürnberger Prinzipien, die Bestandteil des Völkerrechts sind, jedoch enthalten kein Rückwirkungsverbot. Das internationale Gewohnheitsrecht würde es jedem Signatarstaat (mit Ausnahme der USA) erlauben, Kissinger wegen Verbrechen gegen die Menschlichkeit in Indochina anzuklagen.

Wichtiger ist die Feststellung, daß Bundesgerichte der Vereinigten Staaten bei Verbrechen wie politischem Mord, Entführung und Terrorismus zuständig sind, selbst wenn diese Taten angeblich von der Doktrin staatlicher oder souveräner Immunität geschützt werden. Aus den zahlreichen Grundsatzentscheidungen ragt das Urteil des Bezirksgerichts des *District of Columbia* aus dem Jahr 1980 heraus, in dem es um das Autobombenattentat auf Orlando Letelier und Ronni Moffitt durch

Pinochets Agenten geht. Das Gericht befand, daß »welche politischen Zielsetzungen ein fremdes Land auch immer haben mag«, das Pinochet-Regime »keinerlei ›Ermessensspielraum‹ hat, ein Verhalten an den Tag zu legen, das darauf abzielt, die Ermordung einer oder mehrerer Personen herbeizuführen, da eine solche Handlung eindeutig im Widerspruch zu den Grundsätzen der Menschlichkeit steht, wie sie sowohl nach nationalem wie auch nach internationalem Recht anerkannt werden«. Im Umkehrschluß würde dies also auch für einen amerikanischen Beamten gelten, der danach trachtet, einen Chilenen zu ermorden. Als Henry Kissinger im Amt war und sich die Anschläge auf General Schneider in Chile und Präsident Makarios auf Zypern ereigneten, waren Mordanschläge sowohl als private wie auch als staatliche Handlung illegal.

Der Hinchey-Bericht an den Kongreß aus dem Jahr 2000 beweist, daß Agenten der US-Regierung wissentlich an Folterungen, Morden und dem »Verschwinden-Lassen« durch Pinochets Todesschwadronen beteiligt waren; chilenische Staatsbürger könnten in Amerika gemäß dem *Alien Tort Claims Act* Klage einreichen, einem Gesetz, das amerikanischen Bundesgerichten »stoffliche Zuständigkeit« (*Subject Matter Jurisdiction*) bei einem Rechtsanspruch gibt, wenn ein Bürger eines fremden Landes Klage erhebt wegen eines zivilen Unrechts, das in Verletzung eines Vertrags der USA oder eines anderen internationalen Rechts begangen wurde. Angehörige der chilenische »Verschwundenen« und von General Schneider haben ihre diesbezügliche Absicht angekündigt, und wie mir mehrere international versierte Anwälte versichert haben, könnte Henry Kissinger bei solchen Verfahren tatsächlich zur Verantwortung gezogen werden.

Des weiteren würde es der *Alien Tort Claim Act* Opfern in anderen Ländern wie Bangladesch oder Kambodscha erlauben,

Schadenersatzansprüche gegen Kissinger geltend zu machen, ganz nach dem Vorbild der jüngst in New York eingereichten Klage gegen Li Peng, demjenigen unter den chinesischen Funktionären, der die größte Verantwortung trägt für das Massaker auf dem Platz des Himmlischen Friedens im Jahr 1989.

In der juristischen Literatur findet sich umfangreiches Material zur Frage des »Gewohnheitsrechts« im Hinblick auf die Bombardierung der Zivilbevölkerung in Indochina. Die Völkermordkonvention wurde von den Vereinigten Staaten erst 1988 ratifiziert. Bereits 1951 jedoch wurde sie vom Internationalen Gerichtshof zum internationalen Gewohnheitsrecht erklärt. Die Arbeiten der Internationalen Rechtskommission der UNO stimmen vollkommen überein mit dieser Auffassung. Man könnte sich darüber streiten, ob die zahllosen Opfer eine »geschützte Gruppe« gemäß bestehenden Rechts darstellten, auch darüber, ob ihre Behandlung hinreichend willkürlich war, doch eine solche Diskussion würde sowohl der Verteidigung als auch der Anklage schwere Beweislastprobleme auferlegen.*

Eine wichtige Entwicklung der jüngsten Zeit stellt die Durchsetzung internationalen Rechts, das alle Staaten bindet, durch Drittländer dar – vor allem durch Spanien. Baltasar Garzón, der spanische Richter, der den Anstoß gab zur strafrechtlichen Verfolgung von General Pinochet, hat außerdem die Inhaftierung des argentinischen Folterers Ricardo Miguel Cavallo in Mexiko erreicht, der jetzt im Gefängnis auf seine Auslieferung wartet. Das belgische Parlament hat jüngst Gerichte seines Landes ermächtigt, sich in Fragen von Kriegsverbrechen und Verstößen gegen die Genfer Konvention, egal

---

* Vgl. besonders: Nicole Barrett, *Holding Individual Leaders Responsible for Violations of Customary International Law*, Columbia Human Rights Law Review, Spring 2001.

wo und von wem sie begangen wurden, für zuständig zu erklären. Diese zunehmend praktizierte Verfahrensweise bewirkt wenigstens, daß die Reisefreiheit gewisser Personen eingeschränkt oder deren Möglichkeit beschnitten wird, sich einer Auslieferung zu entziehen. Die Niederlande, die Schweiz, Dänemark und Deutschland haben in jüngster Zeit die Genfer Konvention angewandt, um ausländische Kriegsverbrecher wegen Taten gegen ausländische Opfer zu verfolgen. Die Entscheidung des britischen Oberhauses im Fall Pinochet hat ebenfalls entscheidend den Schutz der »diplomatischen Immunität« für solche Straftaten zurückgewiesen, die von Regierungen oder von Personen, die auf Befehl einer Regierung handeln, begangen wurden. Dies wiederum hat zur Einleitung eines Strafverfahrens gegen Pinochet in Chile geführt.

Bleibt die Frage nach dem amerikanischen Recht. Kissinger selbst räumt ein, daß er wissentlich und fortgesetzt gegen das Gesetz verstoßen hat, um amerikanische Waffen nach Indonesien liefern zu können, dessen Regierung diese sodann benutzte, um die Neutralität eines benachbarten Territoriums zu verletzen und ungeheuerliche Verbrechen gegen die Menschlichkeit zu verüben. Des weiteren sieht sich Kissinger juristischen Schwierigkeiten gegenüber, was seine Rolle bei der ethnischen Säuberung der britischen Kolonialinsel Diego Garcia Anfang der siebziger Jahre betrifft, als die einheimische Bevölkerung vertrieben wurde, um einem US-Militärstützpunkt zu weichen. In dieser Sache haben Anwälte der Chagos-Insulaner vor britischen Gerichten bereits ein für sie positives Urteil erstritten. Jetzt wird der Fall Gegenstand einer parlamentarischen Anhörung in den Vereinigten Staaten. Die angeführten Delikte sind »erzwungene Umsiedlung, Folter und Völkermord«.

In diesem veränderten Klima sehen sich die Vereinigten Staaten mit einem interessanten Dilemma konfrontiert. Jederzeit könnte einer ihrer prominentesten Bürger für terroristische Handlungen nach dem *Alien Tort Claims Act* zur Verantwortung gezogen werden oder sich einem internationalen Auslieferungsbegehren ausgesetzt sehen; er könnte verhaftet werden, falls er in ein fremdes Land reist, oder er könnte von einem Gericht einer verbündeten Nation wegen Verbrechen gegen die Menschlichkeit vorgeladen werden. Die Nichteinhaltung bestimmter Verträge durch die USA und ihre Ablehnung jeglicher Auslieferungsanträge lassen es unwahrscheinlich erscheinen, daß amerikanische Behörden bei solchen Maßnahmen zur Kooperation bereit sind, auch wenn diese Haltung die Glaubwürdigkeit schwächt, mit der sich Washington in Fragen der Menschenrechte an andere Nationen wendet. Es besteht allerdings durchaus die Möglichkeit, Kissinger vor ein amerikanisches Gericht mit einem amerikanischen Ankläger zu stellen. Auch diese Möglichkeit erscheint absurd weit hergeholt. Aber ich betone noch einmal, eine Unterlassung würde dazu führen, daß sich die Vereinigten Staaten noch stärker dem Vorwurf aussetzten, mit zweierlei Maß zu messen, als es noch vor zwei Jahren für möglich gehalten worden wäre.

Die Last ruht also auf den Schultern des amerikanischen Rechtswesens, der Lobbyisten der amerikanischen Menschenrechtsgruppen und der Nichtregierungsorganisationen. Sie können entweder weiterhin die Augen verschließen vor der ungeheuerlichen Straflosigkeit, die ein notorischer Kriegsverbrecher und Gesetzesbrecher genießt, oder aber sie können sich von jenen hohen Maßstäben leiten lassen, die sie ja bei allen anderen anlegen. Der augenblickliche Zustand des intellektuellen Scheintods darf jedenfalls nicht länger andauern. Sollten die Gerichte und Anwälte dieses Landes ihrer Pflicht nicht nachkommen, werden wir mit ansehen müssen, wie die Opfer und Überlebenden der Taten dieses Mannes auf eigene würdevolle und gewissenhafte Art und auf eigene Kosten Gerechtigkeit und Wiedergutmachung anstreben, und es wird uns Schande bringen.

Danksagung

Als das *Harper's Magazine* so freundlich war, die beiden langen Aufsätze abzudrucken, die den Kern dieses Buches bilden, versandte mein Freund und Verleger Rick MacArthur ein frühes Exemplar an *ABC News* in New York. Da wir den falschen Respekt der amerikanischen Medien vor Prominenten als auch die moralische Faulheit der übersättigten amerikanischen »Menschenrechtsgemeinde« angegriffen hatten, fand er, daß es nur fair sei, dem Produzenten von *Nightline* das Recht auf eine Antwort zu geben. Nach kurzer Zeit erhielten wir die Antwort. »Gibt es irgend etwas Neues darin?«, fragte der Chef der meistgesehenen Sendung unter jenen Shows, die Kissinger stets schmeicheln.

Rick und ich fielen uns lachend in die Arme. In Washington, New York, Los Angeles und jeder anderen kulturellen Hauptstadt dient die schale Gier nach Neuem stets auch als Verbündete der beliebten Verdrehungstaktik der Mächtigen, einer ernsten Anschuldigung zu begegnen, indem man sie nicht leugnet, sondern sie statt dessen als »Schnee von gestern« herunterredet. Natürlich ging der Witz zu Lasten des Showproduzenten, der mit einer schalen, vorhersagbaren und abgenudelten Antwort dahergekommen war (später fragten wir ihn, ob es an seiner Frage etwas Neues gebe).

Wäre die Frage in gutem Glauben so gestellt worden, dann hätte sie auch einer direkten Antwort bedurft. Hier kommt sie. Die Informationen in diesem Buch sind für die Bewohner Osttimors, Zyperns, Bangladeschs, Laos' und Kambodschas nichts »Neues«, alles Gemeinschaften, die durch eine verdorbene Staatsmacht verwüstet worden sind. Nicht »neu« sind sie auch für die Verwandten der Gefolterten, Verschwundenen und Ermordeten in Chile. Neu wären sie allerdings für all jene, die sich bei Informationen auf *ABC News* stützen. Nicht neu sind sie für die abgehalfterten Staatsmänner, die in diesem Kanal auftreten und schmeichelhafte Fragen beantworten. Doch einige davon sind vielleicht neu für die vielen anständigen amerikanischen Bürger, die ihre Gesetze und ihre Sicherheit verletzt sahen, die sahen, wie ihr Geld in ihrem Namen, aber ohne ihre Einwilligung von der Nixon-Kissinger-Bande für entsetzliche Zwecke verschwendet wurde, die ihnen niemand offenbart hat. Das Ganze ist tatsächlich eine alte Geschichte. Ich hoffe jedoch – und ich habe vor, dabei mitzuhelfen –, das Ende dieser Geschichte zu schreiben.

Tatsächlich gibt es ein paar Enthüllungen in diesem Buch; einige der neuen Materialien schockierten selbst den Autor. Doch ich schreibe dies nicht, um meine Arbeit zu loben. Wann immer möglich, spreche ich im Text selbst Lob aus und verweise auf die Quellen. Dennoch bleibt einige Schuld abzutragen.

Niemand in Washington, der sich auf das Thema Kissinger stürzt, kann ohne Dank an Seymour Hersh auskommen, der als erster die Reputation dieses Mannes mit seinen Taten verglich und allein mit dieser Methode und seinen großartigen Ausgrabungen in den Archiven den langsamen Prozeß in Gang setzte, der eines Tages mit der wertlosen, ausweichenden Gerissenheit des staatlichen Bösen aufräumen wird. Dies hier ist auch eine Schlacht um Transparenz und historische Wahrheit, und wenn Hersh auf diesem Gebiet einen Konkurrenten hat, dann Scott Armstrong, Gründer des *National Security Archive*, der als Washingtoner Äquivalent eines Wahrheits-und-Gerechtigkeits-Ausschusses gelten muß, solange es diesen nicht gibt. (»Then let us pray that come it may«, Robert Burns)

Während ihrer langen Abwesenheit vom moralischen Radarschirm des Westens hätten die Menschen Osttimors keine besseren und mutigeren Freunde als Amy Goodman und Allan Nairn finden können. Die Familie von Orlando Letelier und die Familien von so vielen anderen chilenischen Opfern konnten stets auf Peter Kornbluh, Saul Landau und John Dinges zählen, die in Washington geholfen haben, einen Fall von größter Wichtigkeit am Leben zu erhalten, der eines Tages geltend gemacht werden wird. Lucy Komisar, Mark Hertsgaard, Fred Branfman, Kevin Buckley und Lawrence Lifschultz werden alle sicher die Anleihen wiedererkennen, die ich bei ihrer erheblich originelleren und mutigeren Arbeit gemacht habe.

Manchmal kann eine Unterhaltung mit einem Herausgeber ermutigend sein, manchmal auch nicht. Ich war gerade mitten in meinem ersten Satz, um Lewis Lapham, dem Herausgeber von *Harper's Magazine*, meinen Artikel zu erläutern, als er mich unterbrach und sagte: »Schon klar. Schreiben Sie das. Höchste Zeit. Wir machen es.« Ich wagte mich gar nicht zu bedanken, was ich hiermit nachhole. Also machte ich weiter, was aber ohne den unvergleichlichen Ben Metcalf im Verlag von *Harper's* nicht möglich gewesen wäre. Zusammen mit Sarah Vos und Jennifer Szalai, pingelig genauen Faktenprüferinnen, gingen wir den Artikel immer und immer wieder durch, und uns überfiel tiefster Ekel angesichts der erneuten Erkenntnis, daß alles der Wahrheit entsprach.

Die internationale Menschenrechtsgesetzgebung steckt noch in ihren Anfängen. Doch holprig, aber erkennbar nähert sie sich langsam dem Punkt, an dem Personen wie Kissinger nicht mehr über dem Recht stehen. Willkommene und unerwartete Entwicklungen haben einen schwindelerregenden Effekt ausgelöst: Ich hoffe, daß mein abschließendes Kapitel zu dieser Frage zum Zeitpunkt der Veröffentlichung bereits veraltet ist. Dafür, daß sie mich durch die Statuten und Präzedenzfälle geleitet haben, bin ich Nicole Barrett von der Columbia-Universität, James Raskin und Michael Tigar vom *Washington College of Law* an der Amerikanischen Universität und Geoffrey Robertson, *Queens College*, zutiefst dankbar.

Auf den vorhergehenden Seiten gibt es nur wenige erheiternde Stellen. Ich erinnere mich allerdings gut an einen Tag im Jahr 1976, als Martin Amis, damals ein Kollege beim *New Statesman*, mir sagte, daß sein Literaturteil Joseph Hellers *Good as Gold* (deutsch: *Gut wie Gold*) vorabdrucken würde. Er zeigte mir den dafür vorgesehenen Auszug. Besonders die Kapitel 7 und 8 dieses Romans sind reine Satire und sollten immer wieder neu gelesen werden (die entscheidenden Passagen einer tragenden, obszönen und wohlbegründeten Beschimpfung, die die Verlagswelt wie den journalistischen Rummel wegen ihrer Komplizenschaft mit diesem verschlagenen und humorlosen Ekel beschämt, beginnt mit dem Satz: »Selbst Henry Kissinger, dieser fette kleine Scheißer, schrieb ein Buch!«). Ich freundete mich später mit Joseph Heller an, dessen Ableben 1999 für so viele von uns eine Katastrophe darstellte, und mein letzter Dank gilt der belebenden Wirkung seiner warmen, offenherzigen, rasend komischen, ernsthaften und unstillbaren Entrüstung.

Christopher Hitchens
Washington (D. C.), 25. Januar 2001

Register

J

K

L

M

SPEKTAKULÄRE AKTENFUNDE: FRANZ JOSEF STRAUSS UND DIE BUNDESREPUBLIK DEUTSCHLAND

Peter Siebenmorgen
Franz Josef Strauß
Ein Leben im Übermaß
556 Seiten mit Abb.
DM 49,80 I € 25,–
ISBN 3-421-05511-4

Kein anderer Politiker hat die politische Öffentlichkeit so polarisiert wie Franz Josef Strauß. Mit Strauß verbindet man nicht nur unzählige Affären, Skandale und einen zuweilen hemmungslos agierenden Politikertyp, Strauß steht auch für rhetorische Brillanz und taktisches Talent. Niemand spricht ihm die herausragende politische Begabung ab, mit der er die Bundesrepublik wie die bayerische Politik nach 1945 geprägt hat.
Für seine Recherchen hatte Peter Siebenmorgen exklusiv uneingeschränkten Zugang zum Nachlaß von Franz Josef Strauß.
Eine Darstellung mit viel Zündstoff zum Verhältnis von Politik und Wirtschaft, die die Öffentlichkeit noch lange beschäftigen wird.

DVA
www.dva.de